持続可能な社会へ向けた事業性評価の深化

信用金庫の実践と挑戦

家森信善 編

はしがき

　神戸大学経済経営研究所と尼崎信用金庫は、2022年度から「ESG要素を考慮した事業性評価の深化を通じた地域における事業者支援体制構築の推進」をテーマにした共同研究を行ってきた。尼崎信用金庫は、2022年度、23年度の環境省のESG地域金融促進事業に採択され、地域企業や社会の持続的な成長を実現していくために、作田誠司理事長の強いリーダシップのもとで、ESGの観点から取引先企業の事業性を評価できる体制の構築に取り組んでこられ、神戸大学経済経営研究所はその取り組みに対して助言を行ってきた。

　2023年5月に、その成果の中間発表会として、神戸大学出光佐三記念六甲台講堂においてシンポジウム「地域の持続的発展と金融機関の役割－ESG地域金融の取り組み」を開催した。その成果は、家森信善編『未来を拓くESG地域金融－持続可能な地域社会への挑戦』として、2024年3月に神戸大学出版会から刊行した。

　そして、2024年5月13日に、2年間の共同研究の成果を発表するために、神戸大学出光佐三記念六甲台講堂においてシンポジウム「ESG地域金融がつくる中小企業の輝く社会」を開催した。我々の共同研究では1年目に、ESGの観点を考慮した事業性評価を行うための3つのツールを作成した。そして、2年目には、尼崎信用金庫の営業店が、そのツールを実際に活用して顧客の事業性評価を行ってみて、その経験に基づいて、効果的な活用方法を検討してきた。そこで、このシンポジウムでは、実際に、そのツールを使って本業支援を行ってきた先の中小企業の経営者の方に登壇していただき、率直な感想を語ってもらった。本書は、そのシンポジウムの発言録を第Ⅱ部として収録している。

　神戸大学経済経営研究所と尼崎信用金庫との共同研究は、さらに2024年度から2年間、継続することにした。そして、このESGの観点を考慮した事業性評価を行うための3つのツールの尼崎信用金庫の中での深化とともに、広域展開を図っていくことを計画している。本書をご覧になった金融機関の方から

の積極的な参加を期待している。

　また、神戸大学経済経営研究所は、信金中央金庫とも2023年から2年間、中小企業における脱炭素経営の実現に向けた共同研究を行い、その一環として、2024年1月に大規模な企業アンケートを実施した。その結果の要旨については『信金中金月報』で公表しているが、紙幅の関係で貴重なデータを十分に紹介できていなかったことから、本書の第Ⅰ部に「完全版」を収録することにした。本アンケートからは、信用金庫などの地域金融機関の顧客である規模の小さな中小企業が脱炭素化を進めていくには、脱炭素化だけを切り出した支援では効果が薄く、事業そのものを良くしていく本業支援と一体的に取り組むことが不可欠であるとの含意を得ている。つまり、日頃から伴走支援してきた尼崎信用金庫のような金融機関でなければ、脱炭素化支援はできないだろうということになる。

　神戸大学経済経営研究所では、2023年4月に地域共創研究推進センターを設置し、地域社会の課題を解決するために地域の様々な皆様と共同研究を行っている。同センターの活動は、令和6年度神戸大学「地域連携事業（組織型）」に採択されている。また、神戸大学社会システムイノベーションセンターからも研究費の支給を受けている。本書の刊行もそうした共同研究や神戸大学からの財政支援によって可能になった。関係者の皆様に対して心から感謝を表したい。

2024年12月

神戸大学経済経営研究所教授
同地域共創研究推進センター長

家森 信善

目　次

はしがき　iii

第Ⅰ部　中小企業の脱炭素化と金融機関の役割

第1章　中小企業の脱炭素化の実現への道
－アンケート調査結果に基づく現状分析－

家森信善　尾島雅夫 …………… 2

1. はじめに　2
2. 先行アンケート調査　3
3. アンケート調査結果　4
   - （1）調査概要　4
   - （2）回答者の特徴　5
   - （3）回答企業の属性　6
   - （4）脱炭素化への関心　10
   - （5）脱炭素化の取り組み状況　13
   - （6）脱炭素化の取り組みが全体として低調な理由　15
   - （7）気候変動とエネルギー価格高騰　20
   - （8）脱炭素化に向けた具体策の取り組み状況について　24
   - （9）脱炭素化強化の課題　32
   - （10）回答企業と金融機関取引　39
   - （11）脱炭素化への取り組みを期待する支援機関や支援メニュー　43
   - （12）脱炭素化に関するメインバンクへの期待　48
4. まとめ　56

第2章　兵庫県の中小企業における脱炭素化への対応
　　　　－兵庫県播磨地域の事業者への脱炭素化アンケート結果からの示唆－
　　　　　　　　　尾島雅夫　阿向賢太郎　西尾正平 ……………… 64

1. はじめに　64
2. 先行研究及び先行アンケート調査　68
　（1）先行研究　68
　（2）先行アンケート調査　69
3. 兵庫県の淡路島の洲本市を訪ねて　71
4. アンケート調査結果による分析　73
　（1）アンケート調査方法と対象先　73
　（2）アンケート回答の結果分析　76
5. 考察　80
6. おわりに　81

第Ⅱ部　神戸大学・尼崎信用金庫共同研究　成果発表シンポジウム

第3章　シンポジウム
「ESG地域金融がつくる中小企業の輝く社会」

　　基調講演録 ………………………………………………………… 86
中小企業にとってのESG地域金融　　家森信善 ……………… 88
地域金融機関におけるサステナブルファイナンス推進の現状と課題
　　　　　　　　　　　　　　　　　亀井茉莉 ……………… 98
尼崎信用金庫のESG要素を考慮した事業性評価・支援による
地域ESG推進モデルの取り組み　　田中直也 ……………… 116

第4章 シンポジウム
「ESG 地域金融がつくる中小企業の輝く社会」
評価シートを活用した実践事例報告 ················· 138

ESG 要素を考慮したローカルベンチマークを活用した実践事例

與那嶺まり子　本吉　剛 ············· 138

ESG 課題評価シートを活用した実践事例

堂野起佐　樋口哲也 ················· 153

第5章 パネルディスカッション
「ESG 地域金融普及の課題」 ················· 168

司　会：

　家森信善（神戸大学経済経営研究所教授・同地域共創研究推進センター長）

パネリスト（50音順）：

　亀井茉莉（金融庁総合政策局総合政策課サステナブルファイナンス推進室課長補佐）

　小立　敬（野村資本市場研究所主任研究員）

　作田誠司（尼崎信用金庫理事長）

　須藤　浩（信金中央金庫副理事長）

　竹ケ原啓介（株式会社日本政策投資銀行設備投資研究所長）

シンポジウム資料・登壇者プロフィール　218

執筆者紹介　225

第Ⅰ部

中小企業の脱炭素化と金融機関の役割

第1章 中小企業の脱炭素化の実現への道
──────────────────────────────
アンケート調査結果に基づく現状分析

神戸大学経済経営研究所教授　家森 信善
神戸大学経済経営研究所非常勤講師　尾島 雅夫

1. はじめに

　わが国は、2030年度に温室効果ガスを2013年度対比で46％削減することを目指しており、「2050年カーボンニュートラル」の実現は社会的な課題となっている。わが国の全企業の99％以上を占める中小企業の日本全体の温室効果ガス排出量は、1.2億トン～2.5億トンであり（経済産業省（2022））、中小企業の脱炭素化の取り組み促進は喫緊の課題である。中小企業が脱炭素化に取り組むことは、社会課題の解決の寄与だけでなく、省エネによるコスト削減、環境先進企業であることの優位性獲得、資金調達手段の多様化など様々なメリットを受けるチャンスが広がる。しかし、資金、人材、情報などが十分でない中小企業にとって脱炭素化への取り組みは難度が高い。

　中小企業の脱炭素化への取り組みがどの程度かについて、神戸商工会議所・日本政策金融公庫（2023）を見てみる。同調査は、2023年2～3月に兵庫県内の神戸商工会議所の会員事業者及び日本政策金融公庫取引先5,900社に対して、カーボンニュートラルに向けたWEB調査を行った。有効回答数は835社で、回答者には従業員数301人超の大企業101社を含んでいる。この調査によれば、「取り組んでいる」が48.7％、「検討している」が29.1％、「取り組んでいない」が22.2％であった。

　前回の2022年調査では、従業員501人超の大企業46社の6.6％は取り組ん

でいないと回答していたが、2023年調査では取り組んでいない501人超の企業数はゼロとなった。300人以下の企業を中小企業とみなして同調査から取り組み率を試算すると中小企業の取り組み率は44％となる。企業規模によって脱炭素化の取り組みには大きな違いがあると考えられる。

人材や資金面が十分でない中小企業にとっては、脱炭素化への取り組みによって事業活動に振り向ける努力が制約されやすい。中小企業にとっては、脱炭素化の必要性を感じられず、脱炭素化と業務にはトレードオフの関係が想定される。脱炭素化を進めることができる事業者は人やお金に余裕がある企業に限られると思われ、中小企業にとって脱炭素化への取り組みを進めるハードルは高い。したがって、そうしたハードルをいかに乗り越えて、中小企業の脱炭素化を進めていくかについて、知恵を出さなければならない。

本章の目的は、2024年1～3月に神戸大学経済経営研究所と信金中央金庫が共同で実施した企業アンケート調査に基づいて、地域の脱炭素化に向けて中小企業の脱炭素化に対する関心度、取り組み状況、課題などを把握し、脱炭素化実現に向けての施策の検討の起点を提供することである。

本章の構成は、次の通りである。まず、第2節で中小企業の脱炭素化についての先行アンケート調査の確認を行う。第3節で、アンケート調査結果を報告し、第4節はまとめである。

2. 先行アンケート調査

中小企業の脱炭素化の取り組みについてのアンケート調査は各種あるが、ここでは取り組み状況や取り組みが進んでいない理由について確認する。

「はじめに」で取り上げた神戸商工会議所・日本政策金融公庫（2023）によると、従業員数501人超の大企業においては脱炭素化に「取り組んでいない」企業はなかったが、中小企業での取り組み率を試算すると44％であった。企業規模により取り組みの度合いに大きな差が見られる。東京商工会議所（2023）は、東京23区内の中小企業2,835社にアンケート調査（WEB及び聴き取り）

を行い、1,030社から回答を得た。「取り組みを行っていない」と回答したのは60.1％、取り組んでいるのは39.9％にとどまった。

商工中金（2023）の調査は、全国の中小企業取引先9,927社へアンケート調査票（WEB及び郵送）を配布し有効回答数は5,233社であった。この調査では実施・検討を合わせると44.2％が脱炭素化に取り組んでおり、55.8％が取り組んでいないとの回答であった。日本政策金融公庫（2023）の中小企業1,666社へのアンケート調査回答では脱炭素化「実施」の割合は44.9％である。

これらの調査を見ると、中小企業の脱炭素化取り組みは4割程度の実施率であり、半数にも達しておらず、日本の企業のほとんどを占める中小企業の脱炭素化は進んでいないといえる。

中小企業の脱炭素化の取り組みが進んでいない理由を上記のアンケート調査から調べる。日本政策金融公庫（2023）は、取り組みを行う上での課題を尋ねている。選択率の高い上位3項目は、「コストが増える」23.0％、「手間がかかる」15.0％、「資金が不足している」14.1％である。東京商工会議所（2023）の調査では、上位3項目は、「業務負担の増加」35.8％、「コストに見合う効果が見込めない」30.9％、「人材やノウハウの不足」20.7％であった。神戸商工会議所・日本政策金融公庫（2023）においては、「ノウハウ、専門知識・情報の不足」が42.5％、「コストを転嫁できない」が36.0％、「人材の不足」が36.9％、「コストに見合う効果が見込めない」が29.2％であった。

この3つのアンケート調査からわかることは、多くの企業が脱炭素化をすすめるとコストが増え、利益が減少するというトレードオフを想定しており、そのために取り組みが進んでいないということである。

3. アンケート調査結果

（1）調査概要

本章は、神戸大学経済経営研究所と信金中央金庫が2024年1月～3月に中小企業の経営者5,248人に対して実施した「中小企業の脱炭素化実現に向けた

アンケート調査」の結果報告である。調査サンプルの内訳は楽天インサイト社調査5,000件（信用金庫取引先及び非取引先）、マクロミル社調査248件（信用金庫取引先のみ）である。

以下、(2)〜(12)で調査結果を報告するが、全員が回答する質問の回答者数は5,248人となる。誤解を招くことがない場合、スペースの都合から母数である5,248人を記載せずに、それに対する比率のみを記載することがある。また、説明の流れを明確にするために、掲載の順番は調査票の質問の順番と若干異なっている。

(2) 回答者の特徴

> 問2　あなたの会社での地位について、以下から該当する番号を1つお選び下さい。

図表1　会社での地位

代表権のある会長	代表権のない会長	社長	代表権のある副社長	代表権のある専務・常務	代表権のない副社長・専務・常務	取締役	個人事業主（共同経営者を含む）
1.3	0.3	21.7	0.2	0.3	0.6	1.8	73.8

注）各役職の数値は回答者全体（5,248人）に対する比率（％）を表す。以下の図表においても％の記号を省略している。

図表1は、回答者の会社での地位を尋ねた調査結果である。回答者の比率は、個人事業主が73.8％、法人の経営者が26.2％である。すべて事業経営に責任ある回答者からの回答である。

> 問3　あなたの年齢として当てはまるものを1つ選んで下さい。

回答者の年齢を尋ねたところ、20歳代0.3％、30歳代4.5％、40歳代17.0％、

50歳代32.5％、60歳代33.7％、70歳以上11.9％であった。最も多いのは60歳代で、次が50歳代であった。年齢から見て、回答者はキャリアを重ねた経営者が主である。

> 問4　あなたの性別をお答え下さい。

回答者のうち、男性が84.9％、女性が15.1％であった。

（3）回答企業の属性

> 問1　あなたが経営者的な位置におられる会社等（個人事業を含みます）（以下では、貴社と呼びます）の経営形態として当てはまるものを1つ選んで下さい。複数の会社に関係しておられる場合、あなたにとってもっとも重要な会社についてお答え下さい。（以降も同様です）

回答企業の73.0％は個人事業者であり、27.0％が法人形態である。本調査の回答者では、個人事業主が多い。

> 問5　貴社の本社所在地として当てはまるものを1つ選んで下さい。

図表2　本社所在地

北海道	東北	北関東（茨城、栃木、群馬）	首都圏（埼玉、千葉、東京、神奈川）	甲信越	北陸	東海	近畿	中国	四国	九州・沖縄	その他
3.8	5.1	3.8	34.3	3.9	1.4	11.5	21.1	4.7	2.9	7.4	0.2

　図表2は、本社所在地の比率を表している。上位3つの地域は、首都圏34.3％、東海圏11.5％、近畿21.1％と三大都市圏が占めている。

問6　貴社の業種として当てはまるものを1つ選んで下さい。

図表3　業種

農林漁業	建設業	製造業	運輸業	卸売業	小売業	不動産業	学術研究・専門技術サービス業	宿泊業・飲食サービス業	生活関連サービス・娯楽業	上記以外
3.6	8.1	6.4	2.4	3.3	8.7	8.1	16.7	4.2	11.2	27.3

図表3は、回答企業の業種を表している。比率の高い上位5つの業種は、「学術研究・専門技術サービス業」16.7％、「生活関連サービス・娯楽業」11.2％、「小売業」8.7％、「建設業」8.1％、「不動産業」8.1％である。

問7　貴社の資本金として当てはまるものを1つ選んで下さい。

図表4　資本金

	調査数	300万円以下	300万円超1,000万円以下	1,000万円超5,000万円以下	5,000万円超1億円以下	1億円超
全体	5,248	70.7	17.7	9.3	1.4	0.9
個人	3,833	84.9	10.5	3.6	0.7	0.3
法人	1,415	32.0	37.3	24.7	3.5	2.5

図表4は、回答企業の資本金を表している。回答企業の7割は300万円以下の小規模な事業者が占めている。本サンプルには、資本金として意識されるものが明確ではない個人企業も含んでいるので、法人だけを切り出した結果も掲載している。これによると、法人について、資本金1,000万円以下の企業が7割近い。

問8　直近の決算期末の時点で、貴社の従業員数（パート、アルバイト、派遣等を含む）は何人ですか。当てはまるものを1つ選んで下さい。

図表5　従業員数

0人 (経営者のみ)	1人	2～5人	6～10人	11～20人	21～50人	51～100人	101～300人	301人以上
53.2	12.6	19.8	5.0	3.6	3.2	1.3	1.1	0.2

　図表5は、回答企業の従業員数を表している。0人企業（経営者1人のみで事業運営している企業）は53.2%と過半を占めている。また従業員1人の企業は12.6%、2～5人の企業は19.8%であり、合計すると85.6%の企業は従業員5人以下の規模である。

> 問9　貴社の直近年度の年商として当てはまるものを1つ選んで下さい。

図表6　年商

1,000万円未満	1,000万円～3,000万円未満	3,000万円～5,000万円未満	5,000万円～1億円未満	1億円～3億円未満	3億円～5億円未満	5億円～10億円未満	10億円～30億円未満	30億円以上
63.3	14.9	4.9	5.3	5.3	1.9	1.7	1.7	1.0

　図表6は、回答企業の年商を示しており、年商1,000万円未満の企業が63.3%を占めている。従業員数や資本金の項目で明らかなように、回答企業は小規模の企業が中心である。

> 問13　貴社は、計数（KPI＜重要業績評価指標＞など）の入った中期経営計画（3～5年程度）をお持ちですか。

　問13では計数の入った中期経営計画策定の有無を尋ねた。「あり」が6.0%、「なし」が94.0%であった。しっかりした中期経営計画を策定している企業はごくわずかである。

> 問14 サプライチェーン全体での貴社の位置付けとして最も当てはまる
> ものを1つ選んで下さい。

図表7　サプライチェーンでの位置づけ

元請け	下請け （Tier1、Tier2、Tier3以下）	元請けと下請けの どちらも該当	元請けと下請けの どちらも非該当
10.1	19.2	12.8	58.0

　図表7は、サプライチェーンにおける自社の位置づけについて尋ねた質問の回答結果である。「下請け」19.2%、「元請けと下請けのどちらも該当」12.8%であり、約3割の回答者がサプライチェーンに組み込まれている。サプライチェーンに組み込まれていると、受注先からの脱炭素化要請への対応を準備する度合いは高まる可能性は強い。

> 問15　以下のそれぞれの貴社の業況見通しについて、当てはまるものを
> 1つ選んで下さい。

図表8　業況見通し

	非常に良い	良い	ふつう	悪い	非常に悪い
直近の業況	1.9	11.1	50.3	25.6	11.1
1年後の業況見通し	1.7	12.4	52.9	25.2	7.8
3～5年後の業況見通し	2.8	12.2	50.6	24.9	9.5

　図表8は、業況見通しについて尋ねた結果である。「直近の業況」、「1年後の業況見通し」、「3～5年後の業況見通し」のいずれにおいても、「非常に良い」と「良い」を足すと約14%、「悪い」と「非常に悪い」を足すと約33%～36%となっており、業況見通しは悪い方が多い。良くもなく悪くもない「普通」は50%程度の回答となっている。

(4) 脱炭素化への関心

> 問 16 「脱炭素化」というテーマについて、どのくらい関心がありますか。個人ならびに企業経営者としての立場から、それぞれ最も実感に合うものを1つ選んで下さい。

図表 9　脱炭素化への関心

	大いに関心がある	少し関心がある	どちらでもない	あまり関心はない	まったく関心はない
個人の立場	11.2	32.1	24.2	19.3	13.3
企業経営者の立場	9.0	27.5	31.7	17.8	14.0

　図表 9 は、脱炭素化への関心度について尋ねた質問の結果である。個人の立場から見ると、「大いに関心がある」と「少し関心がある」の合計は 43.3%、「あまり関心がない」と「まったく関心はない」の合計は 32.6% である。関心がある方が 10.7% ポイント上回っている。

　企業経営者の立場から見ると、「大いに関心がある」と「少し関心がある」の合計は 36.5%、「あまり関心がない」と「まったく関心はない」の合計は、31.8% である。どちらの立場から見ても関心があるのは 4 割程度にとどまり、脱炭素化への関心はまだまだ低いといえる。

図表 10　規模別の脱炭素化への関心（経営者としての立場から）

従業員規模	調査数	関心がある	どちらでもない	関心はない
全体	5,248	36.5	31.7	31.8
0人（経営者のみ）	2,790	29.5	32.9	37.6
1人	662	40.5	30.8	28.7
2～5人	1,039	37.1	33.4	29.5
6～10人	265	46.8	32.8	20.4
11～20人	188	53.2	27.7	19.1
21～50人	170	68.8	19.4	11.8
51～100人	69	71.0	18.8	10.1
101人以上	65	72.3	20.0	7.7

図表 10 は、企業規模別に脱炭素化への関心を調べた結果である。なお、「大いに関心がある」と「少し関心がある」を「関心がある」に、また「あまり関心はない」と「まったく関心はない」を「関心はない」にまとめている。

　たとえば従業員0人（経営者のみ）の企業は2,790社あるが、その内29.5％は「関心がある」、32.9％は「どちらでもない」、37.6％は「関心がない」、ことを表している。「関心がある」の列を見ると、総じて規模が大きくなるにつれて関心がある割合が高まっている。全体では、脱炭素化に「関心がある」のは4割程度であったが、一定の規模の企業での「関心がある」は7割近くになっていることがわかる。

　中小企業の脱炭素化の支援は、中小企業の多様性を踏まえて、提供する情報や内容について調整していくことが必要であろう。

図表 11　業種別の脱炭素化への関心（経営者としての立場から）

	調査数	関心がある（％）	平均従業員数（人）
農林漁業	189	45.5	2.7
製造業	337	44.5	18.3
卸売業	175	44.0	9.9
建設業	427	42.4	6.4
不動産業	424	40.6	2.7
宿泊業・飲食サービス業	220	38.6	5.5
運輸業	125	37.6	6.2
学術研究・専門技術サービス業	876	35.7	2.7
小売業	458	34.7	5.2
生活関連サービス・娯楽業	586	31.1	3.6
上記以外	1,431	32.2	4.6

　注）平均従業員数は、範囲での回答のために、中央値で代替して計算。
　　　例えば、21〜50人なら35.5人とした。

　図表 11 は、業種別の脱炭素化への関心を調べた結果である。関心度の高い業種から順番に表した。関心の強さは業種によって異なり、最も高いのは「農林漁業」45.5％で、「製造業」44.5％、「卸売業」44.0％が続いていた。これら

の業種では約45%の企業が、関心があると答えている。一方、「小売業」や「生活関連サービス・娯楽業」は、上位業種より10ポイントほど関心は低い。

業務で使用するエネルギーの多寡などの違いが、関心度に影響を及ぼしているのであろう。

図表12　業況別に見た脱炭素化への関心

	非常に良い	良い	ふつう	悪い	非常に悪い
直近の業況	101	581	2,639	1,345	582
	48.5%	50.8%	36.3%	34.2%	25.9%
1年後の業況見通し	89	650	2,774	1,324	411
	49.4%	50.6%	36.6%	32.8%	22.1%
3〜5年後の業況見通し	148	639	2,654	1,309	498
	48.6%	50.7%	36.4%	33.8%	21.7%

図表12は、業況の見通し別に脱炭素化への関心に差があるかどうかを整理した結果である。図表の見方は、たとえば「直近の業況」について「非常に良い」と答えた回答者（101人）の48.5%は脱炭素化への関心があることを示している。

3つの期間の業況見通しについて「非常に良い」と「良い」とする回答者の約50%が、脱炭素化への関心がある。一方、業況が「ふつう」、「悪い」、「非常に悪い」とする回答者の脱炭素化への関心は20%〜30%台と低い。

現在や将来の業績が悪いと考えている事業者は脱炭素化への関心が低く、業績と脱炭素化への関心には相関が見られる。ただし、この結果からは、業績が良く余裕があるので脱炭素化への関心が高い可能性もあれば、経営感度が高く脱炭素化への関心が高く（結果として）業績がよいとか、脱炭素化を進めることで新規顧客を獲得して業績が良いといった、様々な理由が考えられる。なお、我々の以下の調査からは、一方的な因果性が存在するというよりも、これらの様々な相互関係が、脱炭素化への関心・取り組みと業績の間の相関を生みだしていると理解するのが自然であることを示唆している。

(5) 脱炭素化の取り組み状況

> 問19 貴社における脱炭素化の取り組み状況について、最も実感に合うものを1つ選んで下さい。

図表13 脱炭素化の取り組み状況

十分に対応している	それなりに対応している	どちらともいえない	あまり対応していない	まったく対応していない	わからない
0.8	11.1	29.5	22.8	30.5	5.2

　図表13は、脱炭素化の取り組み状況について尋ねた回答結果である。「十分に対応している」と「それなりに対応している」の合計は11.9％である。

　図表9では脱炭素化に関心がある企業は約4割であることを示したが、取り組み実施の割合は約1割であり、両者には大きな差がある。脱炭素化への関心を持ちながら、行動に移せていない企業が多いことが想定できる。

　第2節の「先行アンケート調査」において紹介したように、各社の調査では中小企業の脱炭素化取り組みの実施率は4割程度であった。それに比べると、本調査の11.9％は非常に低い結果である。一つは規模の小さな回答者のウエイトが高いことが考えられる。また、「どちらともいえない」というあいまいな回答の解釈に影響されている面もある。たとえば、「どちらとも言えない」（29.5％）を（少しは）対応をしていると解釈すれば、合計は41.4％（＝11.9％＋29.5％）となり、先行調査と同程度の取り組み状況となる。

　図表14では、図表13の「十分に対応している」と「それなりに対応している」を「対応している」に集約して従業員規模別に整理したものである。「対応している」列を見ると、従業員規模が大きくなるにつれて取り組んでいる回答も増加している。2,790人のゼロ人企業の「対応している」比率が9.0％であることが全体の数値を大きく引き下げていることがわかる。

図表 14　企業規模別の取り組み状況

従業員規模	調査数	対応している	どちらともいえない	対応していない	わからない
全体	5,248	12.0%	29.5%	53.3%	5.2%
0人	2,790	9.0%	27.1%	57.2%	6.7%
1人	662	13.0%	32.2%	49.5%	5.3%
2〜5人	1,039	14.1%	32.1%	50.6%	3.2%
6〜10人	265	15.1%	30.2%	52.8%	1.9%
11〜20人	188	16.5%	33.5%	47.3%	2.7%
21〜50人	170	17.6%	37.1%	41.8%	3.5%
51〜100人	69	29.0%	29.0%	42.0%	0.0%
101人以上	65	38.5%	29.2%	32.3%	0.0%

図表 15　サプライチェーン（SC）と脱炭素化の取り組み

	調査数	十分に対応している	それなりに対応している	どちらともいえない	あまり対応していない	まったく対応していない
SC内	2,143	1.0	13.2	31.5	24.5	29.8
SC外	2,833	0.8	10.7	30.9	23.7	34.0

注）問 19 に対して「わからない」と回答した企業を除いている。

　図表 15 は、問 14 で得られた回答から当該企業がサプライチェーン内に位置づけられている企業か否か（SC 内＝「元請け」、「下請け（Tier1、Tier2、Tier3 以下）」、「元請けと下請けのどちらも該当」。SC 外＝「元請けと下請けのどちらも非該当」）で脱炭素化の取り組み状況に違いがあるかを見たものである。

　「まったく対応していない」をみると、サプライチェーン外の企業の方が 4.2%ポイント多い。サプライチェーン内の企業は、大手企業からの脱炭素化の要請を受けている場合があり、取り組みが進んでいるのであろう。しかし、その度合いは決して高くなく、今後、脱炭素化への取り組みの遅れから、サプライチェーンから外されるおそれがある企業が少なくないと言えるであろう。

　金融機関においては、脱炭素化を進める大手企業のサプライチェーンに位置していながら、脱炭素化への取り組みが遅れている中小企業に対しては重点的な意識喚起や取り組み支援を行っていく必要がある。

図表 16　中期経営計画の有無と脱炭素化の取り組み状況

中期経営計画	調査数	十分に対応している	それなりに対応している	どちらともいえない	あまり対応していない	まったく対応していない
あり	312	2.2	29.5	36.9	19.9	11.5
なし	4,664	0.8	10.6	30.7	24.4	33.6

　図表 16 は、問 13 で回答を求めた計数を含んだ中期経営計画の有無と、本問での脱炭素化の取り組みの状況のクロス集計を行った結果である。中期経営計画のある企業 312 社では、「対応している」比率（「十分に対応している」と「それなりに対応している」の合計）は 31.7％に達するが、中期経営計画のない企業 4,664 社では、その値は 11.4％にとどまっている。逆に、中期経営計画のある企業では、「まったく対応していない」のは 1 割程度であるが、中期経営計画のない企業では、その値は 3 割を超えている。

　脱炭素化の実現には時間がかかるために計画的に取り組んでいく必要がある。また、中長期計画を立てることで、長期の視点を経営者が持つことができる。たとえば、ほとんどの企業にとって、10 年後の自社のあるべき姿を描くと、そこに脱炭素化への対応が不可欠の要素として入ってくるはずである。そうしたことから、中期経営計画を持つ企業で脱炭素化の取り組みが進んでいるのであろう。

（6）脱炭素化の取り組みが全体として低調な理由

> 問 22　他にも経営課題を多く抱える中で、貴社では、「脱炭素化」にどのぐらいの優先度で取り組んでいますか。最も実感に合うものを 1 つ選んで下さい。

　図表 13 に見たように、中小企業の脱炭素化の取り組みは十分には進んでいないが、進まない理由を考えたい。それは、事業者が多くの経営課題を抱えている中で、脱炭素化の優先度が低いからであろう。図表 17 は、脱炭素化の優先度について尋ねた調査結果である。

図表 17　脱炭素化の優先度

最も優先している	それなりに優先している	どちらともいえない	あまり優先していない	まったく優先していない
0.6	8.6	27.5	30.4	32.9

「優先している」(「最も優先している」と「それなりに優先している」の合計)は 9.2％であり、脱炭素化を優先的な経営課題としている企業は少ない。

図表 18　脱炭素化の優先度と実際の取り組み状況

		脱炭素化の優先度				
		最も優先している	それなりに優先している	どちらともいえない	あまり優先していない	まったく優先していない
脱炭素化の取り組み	十分に対応している	53.1	4.7	0.1	0.0	0.3
	それなりに対応している	34.4	61.5	13.7	6.4	0.9
	どちらともいえない	9.4	24.2	63.8	27.8	8.8
	あまり対応していない	3.1	7.6	16.8	47.6	12.4
	まったく対応していない	0.0	2.0	5.5	18.2	77.6
	調査数	32	447	1,357	1,549	1,591

注)「脱炭素化の取り組み」について「わからない」と回答した人を除いて計算している。

図表 18 は、問 19 の回答で得られた脱炭素化の取り組みの状況と本問の回答結果をクロス集計したものである。たとえば、脱炭素化を「最も優先している」と回答した 32 人では、脱炭素化に「十分に対応している」が半数を超えており、「それなりに対応している」も含めると、約 9 割が対応している。一方で、「まったく優先していない」回答者 1,591 人では、9 割が対応していない。

> 問21　貴社が脱炭素化に取り組んだ場合に、自社の経営にどのような影響があるとお考えですか。最も実感に合うものを1つ選んで下さい。

図表 19　脱炭素化に取り組んだ場合の経営への影響

	プラスの影響	マイナスの影響	プラス・マイナスの両方の影響	影響はない	わからない	プラス影響計	マイナス影響計
短期的視点	4.7	13.2	16.3	42.6	23.1	21.1	29.5
中・長期的視点	9.1	10.7	16.3	39.1	24.7	25.5	27.0

　図表 19 は、脱炭素化に取り組んだ場合に経営への影響を尋ねた結果である。右端の二列に、「プラス・マイナスの両方の影響」の数値をそれぞれに加えたものをプラス影響計とマイナス影響計として示している。

　マイナス影響が上回っており、脱炭素化への取り組みは負担の方が大きいと考える企業は多い。短期に比べると中長期になるとその差は縮まるが、それでも負担感が強く、それなら本来業務に力を入れようということになる。

　事業者の脱炭素化への優先度をあげるには、脱炭素化への取り組みが経営へプラスの影響を及ぼすということを、経営者に納得してもらうことが重要である。そのためには、支援機関や政府が、脱炭素化を進めれば企業収益にプラスになる具体策を提案することが求められる。

　図表 19 からは、「影響はない」や「わからない」という回答が 6 割を超えていることもわかる。脱炭素化に取り組むことを真剣に考えたことがない企業が多いことを意味しており、「気づき」を与えることから始めなければならない実情が明確になっている。

図表20　規模別の脱炭素化に取り組んだ場合の経営への影響（短期的視点）

従業員規模	調査数	プラスの影響	マイナスの影響	プラス・マイナスの両方の影響	影響はない	わからない
全体	5,248	4.7	13.2	16.3	42.6	23.1
0人	2,790	3.1	12.0	11.6	47.9	25.3
1人	662	4.7	11.2	16.0	45.3	22.8
2～5人	1,039	5.3	14.1	21.8	38.5	20.2
6～10人	265	6.4	15.8	23.8	29.8	24.2
11～20人	188	8.5	18.6	25.0	27.7	20.2
21～50人	170	13.5	18.2	27.6	23.5	17.1
51～100人	69	10.1	23.2	34.8	20.3	11.6
101人以上	65	18.5	16.9	30.8	26.2	7.7

図表21　規模別の脱炭素化に取り組んだ場合の経営への影響（中・長期的視点）

従業員規模	調査数	プラスの影響	マイナスの影響	プラス・マイナスの両方の影響	影響はない	わからない
全体	5,248	9.1	10.7	16.3	39.1	24.7
0人	2,790	6.4	10.3	12.2	44.4	26.7
1人	662	9.8	9.2	14.0	42.1	24.8
2～5人	1,039	9.6	11.6	21.7	34.6	22.4
6～10人	265	13.2	12.8	23.0	26.8	24.2
11～20人	188	13.3	11.2	29.8	23.9	21.8
21～50人	170	22.4	12.9	27.1	20.0	17.6
51～100人	69	21.7	10.1	36.2	14.5	17.4
101人以上	65	36.9	9.2	18.5	23.1	12.3

　図表20と図表21は、脱炭素化に取り組んだ場合の経営への影響を短期的視点、中長期的視点から従業員規模別に整理したものである。いずれの図表でも従業員規模が大きくなるほど経営にはプラスの影響があると考える企業が多くなることを示している。

　問題は、小規模企業では「影響はない」や「わからない」という回答が非常に多いことである。多くの小規模企業者が真剣に脱炭素化を考えたことがないのが現実のようである。

図表22 脱炭素化の取り組み状況と脱炭素化に取り組んだ場合の経営への影響（短期的視点）

	プラスの影響	マイナスの影響	プラス・マイナスの両方の影響	影響はない	わからない
十分に対応している	8.2	0.4	0.7	0.6	0.1
それなりに対応している	49.8	9.7	18.2	8.3	6.1
どちらともいえない	24.1	23.8	46.5	27.2	33.1
あまり対応していない	13.1	30.9	24.5	22.8	24.5
まったく対応していない	4.9	35.2	10.1	41.1	36.1
調査数	245	682	853	2,161	1,035

図表23 脱炭素化の取り組み状況と脱炭素化に取り組んだ場合の経営への影響（中・長期的視点）

	プラスの影響	マイナスの影響	プラス・マイナスの両方の影響	影響はない	わからない
十分に対応している	5.7	0.2	0.0	0.7	0.2
それなりに対応している	35.9	10.5	15.5	8.0	5.9
どちらともいえない	29.4	22.7	45.5	27.2	31.9
あまり対応していない	21.0	28.7	27.1	21.9	24.6
まったく対応していない	8.0	37.9	11.9	42.2	37.4
調査数	476	551	851	1,982	1,116

　図表22、図表23は、問19の脱炭素化の取り組み状況と脱炭素化に取り組んだ場合の経営への影響についてクロス集計をしたものである。たとえば、脱炭素化の取り組みが短期的にプラスの影響をもたらすと考える245社についてみると、対応しているとの回答が6割近い。逆にマイナスの影響を想定してい

る682社では、対応していないとの回答が66％を超えている。

　いずれの図表からも、脱炭素化の取り組みが経営にプラスの影響をもたらすと想定している企業は、脱炭素化に取り組んでおり、逆にマイナスの影響を与えると回答する企業は（仮に社会的な意義があることがわかっていたとしても）脱炭素化への取り組みが弱いといえる。

（7）気候変動とエネルギー価格高騰

> 問17　ここ数年において、気候変動による直接的もしくは間接的な被害はありますか。それぞれについて、最も実感に合うものを1つ選んで下さい。

図表24　気候変動による影響

被害種類	大きな被害があった	多少の被害があった	被害はほとんどなかった	被害はまったくなかった
自然災害	3.2	15.0	33.1	48.7
健康被害	1.8	15.1	38.1	45.0
生態系被害	2.5	10.6	31.0	55.9
インフラ被害	1.2	9.2	34.6	55.0

　図表24は、気候変動による影響を、自然災害（暴風雨、大雨、洪水、浸水など）、健康被害（夏の猛暑による健康被害、熱中症、寄生虫（蚊やダニ等）による感染症など）、生態系被害（夏の猛暑による農作物被害、漁獲量の減少など）、インフラ被害（水不足、停電、交通マヒなど）について尋ねた質問への回答である。
　これらの直接的な被害について、「大きな被害があった」は最大で3.2％であり、「多少の被害があった」を加えても2割以下であった。現実に危機に直面していないことも、脱炭素化の取り組みが進まない理由であろう。

図表 25　被害経験別の脱炭素化の取り組み状況

	少なくとも1つ「大きな被害があった」	中間	4つとも「まったくなかった」
十分に対応している	3.3	0.5	1.2
それなりに対応している	18.1	13.0	8.2
どちらともいえない	33.8	34.1	25.0
あまり対応していない	20.7	27.5	18.3
まったく対応していない	24.1	25.0	47.3
調査数	299	3,067	1,610

　この点を明確にするために、図表 25 では、4 種類の災害のいずれかでも「大きな被害があった」企業（299 社）、反対に、4 つのいずれについても「被害はまったくなかった」企業（1,610 社）、および、その中間の企業（3,067 社）にわけて、脱炭素化の取り組み状況を整理してみた。

　「大きな被害があった」企業の方が、「被害はまったくなかった」企業に比べて取り組みが行われていることが確認できた。ただし、「大きな被害があった」企業でも、脱炭素化の取り組みをしていない企業が 45％ほどいる。

　災害が起きてから慌てるよりも事前に備えておくことが、企業のレジリエンスを高めることになる。体験していない被害を想像して、事前に備えることの重要性に気づいてもらうように、企業に働きかけることも金融機関に求められる課題である。

> 問 18　最近のエネルギー価格高騰により、貴社の経営への影響はありますか。最も実感に合うものを 1 つ選んで下さい。

　気候変動の直接的な影響を受けている事業者の割合は低かったが、夏期の高温化によるエアコン利用の拡大を一例として、エネルギー価格の高騰の影響を受けている企業は多いはずである。これも、間接的ではあるが、気候変動の影響であるといえる。

図表26　エネルギー価格高騰の経営への影響

プラスの影響	マイナスの影響	プラス・マイナスの両方の影響	影響はない	わからない
0.6	61.4	8.3	24.0	5.7

　図表26は、エネルギー価格高騰の影響の経営への影響について尋ねた調査結果である。「マイナスの影響」と「プラス・マイナスの両方の影響」を合計すると69.7％となる。つまり、エネルギー価格の高騰から悪影響を受けている企業は7割に達する。

図表27　エネルギー価格高騰の経営への影響別に見た脱炭素化への関心

	調査数	大いに関心がある	少し関心がある	どちらでもない	あまり関心はない	まったく関心はない
プラスの影響	29	44.8	20.7	17.2	10.3	6.9
マイナスの影響	3,222	10.0	30.7	29.5	17.5	12.4
プラス・マイナスの両方の影響	438	13.5	30.1	37.9	11.2	7.3
影響はない	1,261	5.2	21.2	33.1	21.9	18.6
わからない	298	4.4	16.4	42.6	14.8	21.8

　図表27は、問18のエネルギー価格高騰による経営への影響の回答と、問16の脱炭素化への関心（企業経営者の立場から）の回答をクロスして整理した結果である。
　エネルギー価格高騰が「マイナスの影響」という3,222人については、「大いに関心がある」10.0％、「少し関心がある」30.7％で、4割ほどの企業は関心を持っている。
　一方、「プラスの影響」と考える企業は少ないが、「大いに関心がある」が44.8％と極めて高いことが目立つ。エネルギー価格の高騰を、省エネ機材の開発力やコスト転嫁力の強い優位性を追い風にできる経営者は、脱炭素化にも前向きなのであろう。

図表 28　脱炭素化に取り組んだ場合の自社への短期の影響別に見た脱炭素化の障害

	プラスの影響	マイナスの影響	プラス・マイナスの両方の影響	影響はない	わからない
「脱炭素化」対応できる社内人材の不足	17.7	11.1	13.9	4.6	5.9
相談できる支援先がわからない	22.2	12.6	20.4	7.9	12.2
社員の負担の増加	16.9	15.5	18.1	4.6	5.7
経費負担の増加	39.5	43.2	42.8	17.5	20.5
対応に必要な資金の不足	21.4	25.4	23.1	9.5	14.3
参考となる情報源の不足	22.6	15.5	21.3	10.1	13.9
必要性は感じているものの他に優先課題がある	23.4	20.4	26.3	9.6	10.6
そもそも取り組む必要性が感じられない	2.4	18.4	7.9	12.7	9.8
当社のCO2排出量は少量で削減効果が小さい	24.2	21.0	23.3	15.4	13.5
社内の理解が得られない	1.2	1.6	1.4	0.6	0.4
取り組んでも利益につながらない	7.3	26.7	16.0	15.7	13.4
その他	1.2	1.3	0.2	0.9	0.7
特に課題はない	13.7	19.9	20.7	45.4	48.2
調査数	248	692	858	2,238	1,212

　図表 28 は、脱炭素化に取り組み時の自社へのプラスやマイナスの経営の影響の評価がどのような理由からなのかを探るために、問 29 の回答とのクロス集計を行った結果である。

　短期的にマイナスとする回答企業では「経費負担の増加」が43.2％と多い。ただし、プラスとする企業でも「経費負担の増加」は39.5％と同水準である。プラス企業とマイナス企業で差が大きいのは、「相談できる支援先がわからない」（プラス企業で多い）や「取り組んでも利益につながらない」（マイナス企業で多い）である。マイナス企業で「取り組んでも利益につながらない」が多いのは、脱炭素化により利益が減るというトレードオフを想定している企業が多いことを意味している。脱炭素化支援が、本業の利益を増やす支援の一環として実施されないと、こうした企業の懸念は解消しないであろう。

　なお、ここでは、紙幅の関係で、短期の影響の結果のみを示しているが、中長期の影響についても同様の傾向であった。

(8) 脱炭素化に向けた具体策の取り組み状況について

> 問24 貴社における脱炭素化に向けた具体策の取り組み状況について、それぞれ当てはまるものを1つ選んで下さい。

図表29 脱炭素化の取り組み状況

	取り組んでいる	取り組んでいないが、今後取り組みたい	取り組んでいないし、取り組む予定もない	未定	取り組みあり+意向あり
省エネルギー	31.2	26.8	26.0	15.9	58.1
クールビズ・ウォームビズの実施	43.1	14.6	29.7	12.6	57.7
廃棄物の抑制	30.1	26.2	27.2	16.6	56.3
事業活動にて生じた廃材等のリサイクル	24.1	23.9	32.9	19.0	48.0
低燃費自動車の導入	15.9	26.7	38.9	18.5	42.5
自然保護活動への協力	8.2	29.1	37.9	24.8	37.3
再生可能エネルギーの導入／切替	7.8	24.7	45.3	22.2	32.5
物流の見直し	8.2	22.8	44.1	24.8	31.0
環境に配慮した商品・サービスの開発	7.2	22.4	45.5	24.9	29.6
次世代自動車（EV）の導入	2.9	24.4	50.8	21.9	27.3
従業員の移動の抑制（オンライン活用の推進等）	13.8	13.3	50.2	22.7	27.1
自社のCO_2排出量の算定	4.7	16.7	52.2	26.3	21.4
FSC認証製品（適切に管理された森林資源を使用していることの国際的な認証）等の利用	3.2	16.9	49.3	30.6	20.1
パートナー企業（例：建設業での協力会社）との連携	3.2	14.4	54.7	27.7	17.5
CO_2排出量の削減目標や排出削減計画の策定	2.2	13.9	55.9	28.1	16.0
自社社員への脱炭素化に関連する学習機会の提供	2.5	13.1	58.8	25.7	15.6
サプライチェーンのCO_2排出量の算定	1.7	13.8	55.7	28.8	15.5
地方公共団体が実施するSDGs関連の認証取得	2.2	12.8	58.8	26.2	15.0
サステナブルファイナンス（例：グリーンローン、SLL）の活用	1.3	12.8	55.6	30.4	14.0
「脱炭素化」に取り組んでいることのPR（ホームページ、SNS等）	1.6	11.1	62.1	25.2	12.7
ISO14001・エコアクション21・中小企業版SBT認定（中小企業向けのパリ協定に整合した科学的根拠に基づく目標設定）の取得	1.8	9.2	63.0	26.0	11.0

図表 29 は、脱炭素化に向けた具体策の取り組み状況について尋ねた回答結果を、「取り組んでいる」と「取り組んでいないが、今後取り組みたい」の合計の多い順に並べている。

　図表 26 に示したように、エネルギー価格の高騰から悪影響を受けている企業が約 7 割あるが、省エネルギーに取り組んでいる企業は 31.2％、今後取り組みたい企業が 26.8％である。再生可能エネルギーの導入／切替に既に取り組んでいる企業は 7.8％と少ないが、今後取り組みたい企業は 24.7％と省エネルギーの取り組み意向（26.8％）とそれほど変わらない。再生可能エネルギーについては初期費用負担のないものも開発されており、取り組み意欲のある企業へ働きかければ切替に結びつく可能性がある。

　省エネルギーに続いて、クールビズ・ウォームビズの実施、廃棄物の抑制、事業活動にて生じた廃材等のリサイクルは、選択率も高く、支援機関の提案メニューに積極的に取り入れることも効果的であろう。

　自社の CO_2 排出量算定は、見える化をキーワードに脱炭素化の意識喚起を図るツールとして周知されてきた。しかし、「取り組んでいる」は 4.7％であり、「今後取り組みたい」も 16.7％と、現状では企業のニーズはそれほど強くない。

図表 30　省エネルギーへの規模別対応状況

従業員規模	調査数	取り組んでいる	取り組んでいないが、今後取り組みたい	取り組んでいないし、取り組む予定もない	未定
全体	5,248	31.2	26.8	26.0	15.9
0 人	2,790	29.1	24.3	29.0	17.6
1 人	662	28.9	27.8	25.7	17.7
2～5 人	1,039	30.5	30.6	25.3	13.6
6～10 人	265	32.8	31.3	22.3	13.6
11～20 人	188	43.6	29.8	15.4	11.2
21～50 人	170	42.4	31.8	11.8	14.1
51～100 人	69	52.2	29.0	13.0	5.8
101 人以上	65	63.1	23.1	7.7	6.2

　図表 30 は、問 24 の省エネルギーへの取り組み状況を従業員規模別にクロスして整理したものである。「取り組んでいる」の縦列を見ると、規模が大き

くなるにつれて取り組んでいる比率も大きくなっている。一方、「取り組んでいないが今後取り組みたい」の列を見ると、従業員数が10人未満の企業でも約3割が取り組みたいと回答しており、小規模企業へのコンサルティング項目としても有望であることが確認できる。

図表31　再生可能エネルギーの導入／切替への規模別対応状況

従業員規模	調査数	取り組んでいる	取り組んでいないが、今後取り組みたい	取り組んでいないし、取り組む予定もない	未定
全体	5,248	7.8	24.7	45.3	22.2
0人	2,790	6.1	21.0	48.4	24.6
1人	662	8.2	26.3	45.3	20.2
2～5人	1,039	8.2	25.7	47.7	18.4
6～10人	265	8.7	32.1	37.7	21.5
11～20人	188	11.2	38.3	30.9	19.7
21～50人	170	15.3	37.6	28.2	18.8
51～100人	69	21.7	36.2	18.8	23.2
101人以上	65	23.1	40.0	18.5	18.5

　図表31は、問24の再生可能エネルギーの導入／切替の取り組み状況を従業員規模別にクロスして整理した表である。「取り組んでいる」の縦列を見ると、10人以下の小規模企業での取り組みは1割以下であるが、「取り組んでいないが今後取り組みたい」の列を見ると、従業員数が10人未満の企業でも25％近くの企業は取り組みたいと回答している。

　図表30に示したように、3割ほどの企業が省エネルギーの取り組み意向を持っていたが、再生可能エネルギーの導入についても同程度の企業が意向を持っている。従来、太陽光発電については売電のイメージがあったが、近年では発電した電気を売電して収益を上げる投資型の太陽光発電だけではなく、自社で消費する「自家消費型」も利用されている。「自家消費型」は、太陽光発電で賄えない分の電気を電力会社から購入すればよく、電気料金が安くなる。

　企業側のニーズを踏まえると、省エネや再エネに対するコンサルティングにより脱炭素化を進めることは有効な方策である。

図表 32　自社の CO2 排出量算定への規模別対応状況

従業員規模	調査数	取り組んでいる	取り組んでいないが、今後取り組みたい	取り組んでいないし、取り組む予定もない	未定
全体	5,248	4.7	16.7	52.2	26.3
0 人	2,790	3.0	12.0	57.0	28.1
1 人	662	3.2	18.9	51.7	26.3
2～5 人	1,039	5.1	18.9	52.9	23.1
6～10 人	265	7.2	25.3	41.9	25.7
11～20 人	188	10.6	33.0	31.4	25.0
21～50 人	170	12.4	26.5	34.1	27.1
51～100 人	69	18.8	42.0	24.6	14.5
101 人以上	65	23.1	32.3	24.6	20.0

　図表 32 は、問 24 の自社の CO2 排出量算定への取り組み状況を従業員規模別にクロスして整理したものである。「取り組んでいる」の縦列を見ると、規模が大きくなるにつれて取り組んでいる選択率も大きくなっているものの、51～100 人規模の企業でも 2 割に満たない。一方、「取り組んでいないが、今後取り組みたい」の列を見ると、従業員数が増加するにつれて、取り組みたい意向は増加し、51～100 人企業では 42%に達する。一定の規模企業では、CO2 排出利用算定の必要性は理解されているようである。

　問 19 では、脱炭素化の取り組みについて、「十分に対応している」と「それなりに対応している」は、合計でも 11.9%しかなかった。ところが、図表 29 によると、省エネルギーだけでも、31.2%の企業が「取り組んでいる」と回答している。

　図表 33 は、問 19 の回答による脱炭素化の取り組みへの対応状況別に、問 24 の各取り組み項目についてすでに「取り組んでいる」と回答している企業の比率を計算してみた結果である。当然ながら、問 19 での回答による取り組み度合いに応じて、個別の取り組みの比率が低下していることが読み取れる。

図表 33　脱炭素化の取り組みの全般的な認識と具体的な取り組み状況

	十分に対応している	それなりに対応している	どちらともいえない	あまり対応していない	まったく対応していない
省エネルギー	88.6	70.1	34.9	27.2	17.9
クールビズ・ウォームビズの実施	84.1	69.9	47.2	42.2	31.2
再生可能エネルギーの導入／切替	65.9	24.4	8.9	4.1	2.8
低燃費自動車の導入	45.5	33.5	18.9	14.8	8.4
次世代自動車（EV）の導入	22.7	8.4	3.5	2.1	0.8
廃棄物の抑制	79.5	63.1	34.0	28.8	16.5
事業活動にて生じた廃材等のリサイクル	70.5	52.6	26.6	23.2	13.1
従業員の移動の抑制（オンライン活用の推進等）	43.2	31.3	13.2	13.4	8.9
FSC認証製品（適切に管理された森林資源を使用していることの国際的な認証）等の利用	27.3	11.3	3.3	1.8	0.9
環境に配慮した商品・サービスの開発	52.3	23.9	7.7	4.0	2.4
自然保護活動への協力	61.4	25.8	8.6	5.2	2.7
物流の見直し	47.7	23.8	7.9	6.6	3.9
自社のCO2排出量の算定	34.1	16.4	5.0	2.7	1.3
サプライチェーンのCO2排出量の算定	25.0	7.4	1.6	0.6	0.2
CO2排出量の削減目標や排出削減計画の策定	31.8	9.2	1.6	1.1	0.3
サステナブルファイナンス（例：グリーンローン、SLL）の活用	22.7	6.0	1.0	0.2	0.1
地方公共団体が実施するSDGs関連の認証取得	18.2	9.9	2.0	0.6	0.3
ISO14001・エコアクション21・中小企業版SBT認定（中小企業向けのパリ協定に整合した科学的根拠に基づく目標設定）の取得	13.6	6.8	1.5	1.2	0.5
自社社員への脱炭素化に関連する学習機会の提供	31.8	10.8	2.3	0.9	0.2
「脱炭素化」に取り組んでいることのPR（ホームページ、SNS等）	22.7	7.7	1.4	0.3	0.1
パートナー企業（例：建設業での協力会社）との連携	20.5	9.6	3.1	2.1	1.5
調査数	44	585	1,548	1,198	1,601

　ただし、たとえば、問 19 で「まったく対応していない」と回答している企業でも、「クールビズ・ウォームビズの実施」に既に取り組んでいる企業は 31.2％もいるし、「廃棄物の抑制」も 16.5％が取り組んでいる。

　このように問 19 と問 24 の乖離は、多くの企業が脱炭素化を（日常的な業務とは別の）特別なものと考えているためであろう。我々は、中小企業の脱炭素化は小さなステップから始めれば良いと考えている。その点から、問 24 に挙

げた具体的な取り組みが脱炭素化の立派な第一歩であり、脱炭素化は企業にとって特別なものではなく、通常の業務の一環で取り組めることをしっかりと認識してもらうことから始めることを、金融機関に対して提案したい。

> 問25　前問で自社のCO2排出量の算定に「取り組んでいる」と回答した方にお尋ねします。CO2排出量の算定方法について当てはまるものを1つ選んで下さい。

取り組んでいるという246社に対して、CO2排出量算定方法について尋ねたところ、「専門機関に全面的に依存して算定している」が11.0%、「専門機関に部分的に依存して算定している」が19.5%、「自社で独自に算定している」が69.5%であった。自社で独自に算定しているとの回答が多い。

> 問26　前問で自社のCO2排出量の算定に「取り組んでいないが、今後取り組みたい」と回答した方にお尋ねします。CO2排出量の算定に関して、どのように取り組みたいかについて、当てはまるものをすべて選んで下さい。

図表34　CO2排出量算定への取り組み方法

調査数	879
セミナーなどに参加して勉強したい	27.8
無料なら外部の専門支援機関の支援を受けたい	27.5
正確な数値ではなくても良いので取り組みたい	26.6
自社で算定するつもり	13.3
金融機関からの支援を受けたい	7.6
有料でも外部の専門支援機関の支援を受けたい	2.2
その他	0.6
わからない	25.5

図表34は、CO2排出量算定をどのように取り組みたいかについての結果を、

選択率の高い順に掲げた。CO2排出量の算定支援のニーズは強くなく、有料でも支援を受けたいとの回答は2.2%と極めて低い。支援機関としては、まずはセミナーなどへの参加を促して脱炭素化への共感を高める必要がある。

> 問27 先ほどの質問で「取り組んでいる」と回答した具体策について、貴社では、概ね、いつから取り組んでいますか。それぞれについて、当てはまるものを1つ選んで下さい。

図表35 現在取り組み中の脱炭素化具体策の取り組み時期

	調査数	5年よりも前	直近3～5年以内	直近1～3年以内	直近1年以内	直近6か月以内	わからない
クールビズ・ウォームビズの実施	2,262	74.0	12.0	7.3	2.1	0.9	3.8
省エネルギー	1,639	59.0	16.5	13.9	3.7	1.2	5.8
廃棄物の抑制	1,580	65.7	14.4	11.7	3.9	0.5	3.9
事業活動にて生じた廃材等のリサイクル	1,267	66.8	13.2	10.9	3.3	0.5	5.4
低燃費自動車の導入	832	55.9	17.3	15.0	5.2	3.0	3.6
従業員の移動の抑制（オンライン活用の推進等）	722	34.2	30.1	24.2	4.8	1.0	5.7
物流の見直し	432	37.3	19.7	24.1	10.2	1.9	6.9
自然保護活動への協力	429	62.2	15.6	8.6	3.5	1.4	8.6
再生可能エネルギーの導入／切替	408	54.2	18.4	13.7	5.1	1.5	7.1
環境に配慮した商品・サービスの開発	377	48.3	19.6	11.9	5.3	1.1	13.8
自社のCO2排出量の算定	246	29.3	17.1	17.1	8.5	2.8	25.2
FSC認証製品（適切に管理された森林資源を使用していることの国際的な認証）等の利用	170	45.9	18.8	12.9	5.3	1.8	15.3
パートナー企業（例：建設業での協力会社）との連携	166	54.8	16.9	18.1	4.2	0.6	5.4
次世代自動車（EV）の導入	154	32.5	19.5	19.5	9.1	11.7	7.8
自社社員への脱炭素化に関連する学習機会の提供	130	39.2	16.2	23.1	11.5	3.8	6.2
地方公共団体が実施するSDGs関連の認証取得	115	20.0	25.2	30.4	7.0	4.3	13.0
CO2排出量の削減目標や排出削減計画の策定	113	33.6	15.0	23.9	7.1	2.7	17.7
ISO14001・エコアクション21・中小企業版SBT認定（中小企業向けのパリ協定に整合した科学的根拠に基づく目標設定）の取得	94	55.3	18.1	10.6	8.5	0.0	7.4
サプライチェーンのCO2排出量の算定	90	26.7	15.6	23.3	5.6	2.2	26.7
「脱炭素化」に取り組んでいることのPR（ホームページ、SNS等）	82	39.0	19.5	23.2	7.3	1.2	9.8
サステナブルファイナンス（例：グリーンローン、SLL）の活用	66	24.2	25.8	18.2	9.1	3.0	19.7

図表35は、現在取り組んでいる脱炭素化具体策を選択数の多いものから順番に掲げた。上位1位から5位までの項目は、「クールビズ・ウォームビズの実施」、「省エネルギー」、「廃棄物の抑制」「事業活動にて生じた廃材等のリサイクル」、「低燃費自動車の導入」である。これらはいずれも5年より前から取り組んでいる企業が6-7割を占めている。

　一方で、「次世代自動車（EV）の導入」は、最近の1年以内との回答が2割（図表の直近1年以内と6か月以内の合計）を超えており、最近、取り組み始めた企業が多いのが特徴的である。また、「地方公共団体が実施するSDGs関連の認証取得」は、5年より前から始めた企業は20.0％であったが、直近1～3年以内に始めた企業が30.4％と多い。まだ、115社しか実施していないだけに、今後、認証取得を広げていく余地は大きい。そのためには、行政、企業、経済団体や金融機関との一層の連携が必要であろう。

> 問28　先ほどの質問で「取り組んでいないが、今後取り組みたい」と回答した具体策についてお尋ねします。いつ頃から取り組みを始める予定ですか。それぞれについて、当てはまるものを1つ選んで下さい。

　図表36の右端の列に、今後3年以内に取り組みたい項目について選択比率の高い順番に記載した。7割以上の企業は今後3年以内に取り組みたい項目として、「クールビズ・ウォームビズの実施」、「物流の見直し」、「省エネルギー」、「廃棄物の抑制」、「自社社員への脱炭素化に関連する学習機会の提供」を選択している。個社別にニーズの違いが大きいので、支援機関としては、幅広く脱炭素化を支援できる能力を持つことが必要である。

図表36　今後取り組む脱炭素化具体策の取り組み時期

	調査数	半年以内	1年以内	1～3年以内	3～5年以内	5年以上	3年以内合計
クールビズ・ウォームビズの実施	767	21.8	26.2	33.1	11.3	7.6	81.1
物流の見直し	1,197	13.7	26.1	36.6	13.4	10.2	76.4
省エネルギー	1,408	15.3	21.9	37.3	14.6	10.8	74.6
廃棄物の抑制	1,373	15.7	22.2	35.5	15.0	11.6	73.4
自社社員への脱炭素化に関連する学習機会の提供	687	7.6	24.6	39.2	17.6	11.1	71.3
事業活動にて生じた廃材等のリサイクル	1,254	12.1	19.7	37.8	15.6	14.8	69.6
従業員の移動の抑制（オンライン活用の推進等）	699	8.6	20.2	40.2	18.0	13.0	69.0
パートナー企業（例：建設業での協力会社）との連携	755	7.5	20.9	40.4	17.1	14.0	68.9
「脱炭素化」に取り組んでいることのPR（ホームページ、SNS等）	584	6.3	19.3	42.6	17.6	14.0	68.3
自然保護活動への協力	1,529	9.4	20.6	37.7	18.2	14.0	67.8
サステナブルファイナンス（例：グリーンローン、SLL）の活用	671	4.9	17.4	40.5	20.1	17.0	62.9
自社のCO2排出量の算定	879	4.9	15.7	41.6	20.5	17.3	62.2
環境に配慮した商品・サービスの開発	1,177	7.1	15.5	38.9	18.5	20.0	61.5
地方公共団体が実施するSDGs関連の認証取得	672	4.9	17.1	39.4	21.3	17.3	61.5
CO2排出量の削減目標や排出削減計画の策定	728	5.4	15.2	40.2	22.0	17.2	60.9
サプライチェーンのCO2排出量の算定	723	3.7	16.5	39.7	20.6	19.5	59.9
ISO14001・エコアクション21・中小企業版SBT認定（中小企業向けのパリ協定に整合した科学的根拠に基づく目標設定）の取得	482	4.4	16.0	38.6	21.2	19.9	58.9
FSC認証製品（適切に管理された森林資源を使用していることの国際的な認証）等の利用	886	6.9	15.1	35.1	20.9	22.0	57.1
再生可能エネルギーの導入／切替	1,298	4.9	14.3	37.5	22.7	20.6	56.6
低燃費自動車の導入	1,401	3.2	8.9	33.5	30.9	23.6	45.5
次世代自動車（EV）の導入	1,280	2.0	5.7	27.3	31.6	33.3	35.1

（9）脱炭素化強化の課題

> 問29　貴社が、脱炭素化への取り組みを強化する上で課題と考えていることは何ですか。当てはまるものをすべて選んで下さい。

図表37　脱炭素化強化の課題

特に課題はない	37.1
経費負担の増加	26.8
当社のCO2排出量は少量で削減効果が小さい	17.4
取り組んでも利益につながらない	16.3
対応に必要な資金の不足	15.5
必要性は感じているものの他に優先課題がある	14.6
参考となる情報源の不足	14.1
相談できる支援先がわからない	12.2
そもそも取り組む必要性が感じられない	11.5
社員の負担の増加	9.1
「脱炭素化」対応できる社内人材の不足	7.9
社内の理解が得られない	0.9
その他	0.8

　図表37は、脱炭素化への課題について選択比率の高い項目から順番に掲げた。「特に課題はない」が37.1％と最も選択率が高いが、脱炭素化への無関心やわからない層が多いことを反映している。

　それを除くと、上位に位置しているのが、「経費負担の増加」26.8％、「取り組んでも利益につながらない」16.3％、「対応に必要な資金の不足」15.5％、である。収益につながるかどうかやヒトやカネの確保といった課題は、脱炭素化を進める上での前提条件であることを示している。

　図表38は、従業規模別の脱炭素化強化の課題を示した。ここでは、101人以上の企業の選択率の高い順に掲げた。「経費負担の増加」や「社員負担の増加」を課題とする企業は、規模が大きくなるにつれて増加しており、比較的規模の大きな企業では5割近い企業がコストの増加を課題としていることがわかる。

　なお、「特に課題はない」が小規模企業では多いが、これらは課題認識すら持っていないという意味だと解釈できる。したがって、小規模企業に対しては、まず気づきを促す取り組みが重要であることを示している。

図表38　従業員規模別の脱炭素化の課題

	0人	1人	2～5人	6～10人	11～20人	21～50人	51～100人	101人以上
調査数	2,790	662	1,039	265	188	170	69	65
経費負担の増加	20.0	27.8	32.6	33.2	45.7	47.6	49.3	53.8
社員の負担の増加	2.4	6.3	14.2	23.8	27.1	32.4	30.4	44.6
「脱炭素化」対応できる社内人材の不足	3.1	5.4	11.2	16.2	23.4	25.3	31.9	38.5
必要性は感じているものの他に優先課題がある	11.0	13.7	17.7	22.3	22.3	28.8	23.2	30.8
参考となる情報源の不足	11.3	14.7	17.1	18.1	22.3	18.2	18.8	24.6
当社のCO2排出量は少量で削減効果が小さい	16.3	19.5	19.8	17.7	14.9	16.5	7.2	21.5
相談できる支援先がわからない	9.2	13.4	16.8	12.8	18.1	16.5	17.4	16.9
対応に必要な資金の不足	13.4	13.3	20.1	18.1	18.1	22.9	17.4	13.8
取り組んでも利益につながらない	15.7	14.7	19.7	12.8	19.1	13.5	17.4	12.3
そもそも取り組む必要性が感じられない	12.2	10.4	12.4	10.2	10.1	8.8	2.9	6.2
社内の理解が得られない	0.3	0.9	1.4	1.9	3.2	2.4	0.0	1.5
その他	1.0	0.5	0.6	1.5	0.5	0.0	1.4	1.5
特に課題はない	44.3	34.6	29.4	30.2	20.7	20.0	21.7	15.4

図表39　脱炭素化の取り組み状況と脱炭素化強化の課題

	十分に対応している	それなりに対応している	どちらともいえない	あまり対応していない	まったく対応していない	わからない
経費負担の増加	31.8	41.5	29.3	35.3	15.3	9.2
当社のCO2排出量は少量で削減効果が小さい	18.2	26.0	17.0	21.1	13.7	6.6
相談できる支援先がわからない	13.6	16.9	14.2	15.4	7.1	6.3
取り組んでも利益につながらない	11.4	12.3	14.1	17.6	20.1	8.8
対応に必要な資金の不足	9.1	23.2	15.9	19.8	10.5	7.7
必要性は感じているものの他に優先課題がある	9.1	24.6	16.7	17.9	8.4	4.8
「脱炭素化」対応できる社内人材の不足	6.8	12.1	9.9	10.0	3.8	2.9
社員の負担の増加	6.8	16.1	9.8	12.4	4.4	2.9
参考となる情報源の不足	4.5	20.2	16.5	17.1	8.9	7.0
そもそも取り組む必要性が感じられない	2.3	6.0	7.0	11.6	18.9	6.6
社内の理解が得られない	0.0	0.7	0.8	1.3	0.7	0.7
その他	0.0	0.9	0.5	0.4	1.5	0.4
特に課題はない	36.4	18.1	34.7	28.7	47.0	71.0
調査数	44	585	1,548	1,198	1,601	272

図表 39 は、問 19 の脱炭素化取り組み状況と問 29 の脱炭素化強化の課題をクロスして整理したものである。脱炭素化取り組みを「十分に対応している」や「それなりに対応している」の列を縦に見ると、「経費負担の増加」が課題のトップに上がる。次に、「当社の CO2 排出量は少量で削減効果が小さい」、「取り組んでも利益につながらない」といったカネに関わる課題が選択されている。この課題に対応するためには、脱炭素化を通じてコスト削減につながるとか、脱炭素化をビジネスチャンスの好機とするとか、脱炭素化が競争相手に対する優位性を獲得できるといった、メリットを積極的に示していくことが重要である。

　また、「まったく対応していない」あるいは「わからない」企業で、「特に課題はない」が多いのは、問題意識そのものが弱いことを意味している。中小企業の多数を占めるこの層に対しては、問題意識を持ってもらうための働きかけが不可欠である。一方で、「十分に対応している」企業でも「特に課題はない」が比較的多い。これは、実際に実践してみるとなんとかなるという実感を持つ企業が少なくないためであろう。この点は、小さくても良いので最初の一歩を踏み出すことの重要性を示唆していると考えられる。

> 問30　貴社は、「ヒト（人材）」や「カネ（財務）」が確保できた場合、「脱炭素化」に取り組む意向はありますか。（取り組んでいる場合には、さらに取り組みを加速する意向はありますか。）

　本問は、「ヒト」や「カネ」が確保できた場合、脱炭素化に取り組む意向はあるかどうかについて尋ねた。その結果、「あり」が 45.4％、「なし」が 54.6％であった。本調査の対象は非常に小さい企業が多いが、それでも、ほぼ半数は、前提条件が満たされれば、脱炭素化に取り組む意向があると回答していることになる。

図表40　ヒトとカネが確保できた時の従業員規模別の脱炭素化の取り組み意向

従業員規模	調査数	比率
0人	2,790	39.0%
1人	662	48.5%
2～5人	1,039	48.6%
6～10人	265	57.4%
11～20人	188	59.6%
21～50人	170	64.7%
51～100人	69	68.1%
101人以上	65	76.9%

　図表40では、「ヒト」や「カネ」が確保できた場合、脱炭素化に取り組む意向があるかどうかについて、従業員規模別にクロス集計した。規模が大きくなるにしたがって、ヒト・カネの条件が揃えば脱炭素化に取り組む意向を持つ企業の割合は増加することがわかる。

> 問31　前問で「あり」と回答した方にお尋ねします。貴社が脱炭素化に取り組む上で、以下の項目の実現・達成は前提条件としてどれほど重要ですか。それぞれについて当てはまるものを選んで下さい。

図表41　脱炭素化取り組みの前提条件の重要性

前提条件	非常に重要	重要	あまり重要ではない	まったく重要ではない	重要計	重要ではない計
社員数自体の確保	9.6	31.5	35.5	23.4	41.1	58.9
「脱炭素化」専門人材の中途採用による確保	3.6	24.0	43.2	29.2	27.6	72.4
「脱炭素化」専門人材の社内育成による確保	4.4	31.1	38.3	26.2	35.5	64.5
業務効率化の実現（人員の確保）	10.2	41.8	28.1	19.9	51.9	48.1
十分な内部留保の確保	18.7	48.2	22.4	10.7	66.9	33.1
継続的に十分な資金の確保	25.9	55.2	13.2	5.7	81.1	18.9
補助金・助成金の獲得	28.0	50.0	15.7	6.3	78.0	22.0

注）問30で取り組む意向があると回答した2,384人に対する比率。

　図表41は、右端の列に「非常に重要」と「重要」の合計を「重要計」、「あ

まり重要ではない」と「まったく重要ではない」の合計を「重要ではない計」として数値を掲げた。

「十分な内部留保の確保」、「継続的に十分な資金の確保」、「補助金・助成金の獲得」といったカネに関しては、「重要計」が「重要ではない計」を上回っている。一方、「社員数自体の確保」、「「脱炭素化」専門人材の中途採用による確保」というヒトに関しては、「重要ではない計」が「重要計」を上回っている。これは、ヒトが重要ではないということではなく、ヒトには追加でコストをかけたくない意味だと思われる。つまり、新たに人を雇って追加的なコストをかけてまで、脱炭素化を実施しようとは考えていないのであろう。

> 問32　貴社における「脱炭素化」に取り組むための「ヒト（人材）」の不足への対策について、当てはまるものをそれぞれすべて選んで下さい。

図表42　脱炭素化のヒト不足対策

	中途採用	新卒採用	副業・兼業での採用	社員の育成	業務の見直し	DXによる業務効率化	その他	特に何もしていない（する予定はない）
既に取り組んでいる対策	8.5	3.7	3.8	7.3	11.4	5.3	0.2	75.2
今後取り組みたい対策	8.1	4.2	5.1	8.7	14.1	7.6	0.3	70.3

図表42は、全体（5,248社）に対して「ヒト」の不足への対策について尋ねた質問への回答結果である。現在「特に何もしていない」は75.2％、今後「特に何もする予定はない」は70.3％と、7割以上の企業はヒト不足に対して対策を行わないと回答している。具体的な対応として最も多い回答は、「業務の見直し」である。既存の人員でやりくりしようという意図であろう。

図表43　脱炭素化のヒト不足対策（既に取り組んでいる対策）

	調査数	中途採用	新卒採用	副業・兼業での採用	社員の育成	業務の見直し	DXによる業務効率化
全体	1,301	34.1	15.0	15.5	29.5	46.0	21.5
0人	361	9.7	3.0	16.6	8.9	56.2	30.7
1人	137	13.1	5.8	20.4	22.6	51.8	18.2
2～5人	346	35.0	11.8	18.8	32.1	44.5	16.5
6～10人	140	45.0	19.3	12.4	39.3	31.4	15.0
11～20人	113	63.7	20.4	12.4	41.6	36.3	10.6
21～50人	109	65.1	35.8	8.3	55.0	41.3	26.6
51～100人	51	66.7	49.0	9.8	47.1	31.4	19.6
101人以上	44	68.2	47.7	2.3	54.5	54.5	34.1

注）「特に何もしていない」という回答者を除いて計算。

　規模別に回答を整理してみた結果が図表43（既に取り組んでいる対策）と図表44（今後取り組みたい対策）である。図表43を見ると、0人や1人の小規模企業では業務の見直しによる選択率が50％を超えている。11人以上の企業では、6割以上の企業は中途採用を活用している。51人以上の規模企業になると新卒採用を半数程度が挙げている。社員の育成は、21-50人、101人以上企業において選択率が高い。

図表44　脱炭素化のヒト不足対策（今後取り組みたい対策）

	調査数	中途採用	新卒採用	副業・兼業での採用	社員の育成	業務の見直し	DXによる業務効率化
全体	1,559	27.3	14.3	17.2	29.2	47.6	25.7
0人	465	8.6	3.0	17.2	10.5	55.5	31.2
1人	176	11.4	4.0	18.8	20.5	50.0	26.1
2～5人	407	27.3	13.3	17.9	30.7	47.9	19.4
6～10人	162	41.4	22.8	16.7	38.3	29.6	21.0
11～20人	130	51.5	25.4	12.3	54.6	43.8	14.6
21～50人	118	50.8	31.4	16.9	55.9	42.4	33.9
51～100人	54	50.0	40.7	37.0	48.1	35.2	35.2
101人以上	47	51.1	40.4	21.3	44.7	57.4	40.4

注）「特に何もする予定はない」という回答者を除いて計算。

図表44によると、ヒト不足対策として今後取り組みたい対策としては、「中途採用」が11人以上の企業では50%を超えている。「社員の育成」で50%を超えるのは、11～20人や21～50人企業である。図表43と同様に「業務の見直し」が規模を問わず多いが、特に、0人や1人の小規模企業で選択が多い。

　既に取り組んでいる対策と比べると、今後取り組みたい対策では、「副業・兼業での採用」が多い。コストを最小限に抑えて脱炭素化に取り組むには、副業人材の活用が鍵になりそうであり、金融機関の人材紹介において重点的に取り組むべきであろう。

（10）回答企業と金融機関取引

> 問10　貴社はメインバンクをお持ちですか。

　回答企業のメインバンク有無について尋ねたところ、62.6%が「あり」と回答し、「なし」が37.4%であった。

> 問11　前問で「あり」と回答した方にお尋ねします。メインバンクの業態はどれに該当しますか。

図表45　メインバンクの業態

調査数	政府系金融機関	都市銀行	地方銀行・第二地方銀行	信用金庫	信用組合	農協	その他
3,287	1.9	33.8	33.4	22.7	1.4	3.6	3.3

　図表45は、回答企業のメインバンク業態を表している。政府系金融機関1.9%、都市銀行33.8%、地方銀行・第二地方銀行33.4%、信用金庫22.7%、信用組合1.4%、農協3.6%、その他3.3%となっている。

問12 貴社は、信用金庫との取引がありますか。信用金庫との取引関係として当てはまるものを選んで下さい。

図表46 信用金庫との取引

調査数	メインバンクではないが、重要な取引金融機関である	取引はあるが、重要な取引金融機関ではない	取引はない
2,542	17.8	19.1	63.1

　図表46は、問11でメインバンクを持っているが信用金庫以外をメインバンクとして回答した2,542人に対して、信用金庫との取引の状況を尋ねた結果である。

　信用金庫と非メイン取引を行っている回答者（メインバンクではないが「取引はない」以外の回答者）は938社である。回答企業全体の調査数は5,248社であるので、17.8%（938÷5,248）が非メインバンクとして信用金庫との取引がある。また、問11では信用金庫をメインとする回答者は745社であった。したがって、本問の938社と合わせて、1,683社（回答者全体の32.0%（＝1,683÷5,248））が信用金庫取引先である。

問20　貴社が脱炭素化に取り組むにあたって動機づけを与える関係者等はいますか。当てはまるものをすべて選んで下さい。

　図表47では、脱炭素化に取り組むための動機づけを与えている関係者について尋ね、選択比率の高い順番に掲げた。

　動機づけ者として多いのは、地域社会8.7%や地方自治体6.2%、およびサプライチェーンに関わる販売先7.7%や仕入先6.4%といった取引先である。メインバンクを持つ回答者は3,287社あったが、取引金融機関が動機づけ関係者であると回答したのは145社（全回答者の2.3%）にとどまる。メインバンクを持つ企業だけに限定しても、4.4%であった。つまり、金融機関が脱炭素化の取り組みの動機づけを与えている例は非常に少ないといえる。

図表47　動機づけを与える関係者

地域社会	8.7
販売先	7.7
仕入先	6.4
地方公共団体（県・市町村）	6.2
同業他社（協力会社等）	4.9
国（政府関係機関等を含む）	4.9
製品・サービスの利用者	4.8
地域経済団体（商工会議所・商工会等）	2.5
取引金融機関	2.3
社員	1.9
株主	0.6
その他	0.5
特になし	62.6
わからない	11.8

図表48　従業員規模別に見た動機づけを与える関係者

従業員規模	調査数	地域社会	販売先	仕入先	地方公共団体（県・市町村）	同業他社（協力会社等）	国（政府関係機関等を含む）	製品・サービスの利用者	地域経済団体（商工会議所・商工会等）	取引金融機関
合計	5,248	8.7	7.7	6.4	6.2	4.9	4.9	4.8	2.5	2.3
0人	2,790	5.2	4.2	3.1	3.7	2.6	3.2	3.4	1.1	0.7
1人	662	10.0	6.3	6.3	5.3	4.1	4.2	4.2	2.1	1.2
2-5人	1,039	10.8	8.5	8.6	7.9	5.9	6.4	6.1	2.8	2.4
6-10人	265	16.2	11.3	12.5	11.7	7.5	7.5	7.2	5.3	3.8
11-20人	188	16.0	18.1	17.6	12.2	10.1	8.5	8.0	11.2	5.3
21-50人	170	18.8	27.6	17.1	14.7	19.4	11.8	10.0	8.2	14.1
51-100人	69	21.7	29.0	13.0	14.5	21.7	14.5	11.6	2.9	17.4
101人以上	65	16.9	36.9	18.5	24.6	16.9	13.8	13.8	6.2	18.5

　図表 48 は、従業員規模別に見た動機づけを与える関係者についての選択比率を表している。紙面の都合から、問 20 の選択肢の内、選択率の低かった「社員」「株主」「その他」「特になし」「わからない」は除いている。

　動機づけ者として関係者の列を縦に見ると、地域経済団体を除いて総じて従業員数が多くなるほど選択比率が高くなっている。地域経済団体については、11 ～ 20 人規模の企業へは動機づけ者として選択率が高くなっているが、規模

が大きくなると選択率は低下している。

　取引金融機関の列を見ると、小規模企業が取引金融機関を動機づけ関係者と見ている比率は他の支援機関と比べて低く、金融機関からの小規模企業への働きかけはほとんど行われていないのであろう。脱炭素化の動機づけ者としてメインバンクを評価するものは少ない中では、金融機関が自治体や地域社会と連携して情報提供を進めていくことが、取り組みの促進には重要だと思われる。

図表49　メインバンクの業態別に見た動機づけを与える関係者

	調査数	取引金融機関
政府系金融機関	61	6.6
都市銀行	1,111	2.3
地方銀行・第二地方銀行	1,099	3.1
信用金庫	745	5.2
信用組合	45	11.8
農協	119	4.2
その他	107	0.9
全体	3,287	3.4

　図表49は、回答者のメインバンク別に見て脱炭素化への動機づけを与える関係先として取引金融機関を選択した比率を表している。信用金庫をメインバンクとする回答者は5.2%が動機づけを与えるものとして金融機関を選んでいる。続いて、地方銀行・第二地方銀行3.1%、都市銀行2.3%と続く。いずれの業態も動機づけの実績は乏しい。小規模企業との取引接点が多い信用金庫にとっては、これまで脱炭素化への取り組みが遅れている企業層への働きかけは、日常的な事業性評価の一環としてなら可能である。そのような取り組みが信用金庫の強みを引き立たせることになりうる。

問23　先ほどの質問で「メインバンクあり」と回答した方にお尋ねします。メインバンクをどのように評価していますか。それぞれについて、最も実感に合うものを1つ選んで下さい。

図表50は、メインバンクに対する評価を尋ねた回答結果である。右端の二列には「良い」と「やや良い」の合計を「良い計」、「やや悪い」と「悪い」の合計を「悪い計」と表示した。「良い計」から「悪い計」を引いてプラスの項目は「資金繰り支援」の一つだけである。コロナ禍でのゼロゼロ融資による資金提供機能が評価されていると思われる。

　しかし、「資金繰り支援」以外の項目はすべてマイナス評価であり、メインバンクへの評価は高くない。本章のテーマである「気候変動対応支援者」としてメインバンクを評価するものは少ない。

図表50　メインバンクに対する評価

	良い	やや良い	ふつう	やや悪い	悪い	わからない	良い計	悪い計
資金繰り支援	9.1	10.5	54.4	4.9	4.2	16.9	19.7	9.0
事業計画の策定支援	3.2	5.9	50.7	6.3	4.8	29.1	9.1	11.1
気候変動対応支援	1.6	2.6	44.0	6.0	4.6	41.2	4.2	10.6
販路拡大支援	1.8	3.9	43.6	8.2	7.4	35.0	5.7	15.6
人材紹介支援	0.9	2.3	39.0	7.6	7.6	42.6	3.3	15.2
事業承継支援	1.8	4.7	41.1	6.0	6.6	39.9	6.4	12.6
事業転換支援	1.2	2.3	39.5	6.2	6.1	44.6	3.5	12.3
業務効率化支援	1.4	3.6	41.9	6.8	5.6	40.7	5.0	12.4
デジタル化支援	1.6	5.8	40.3	7.4	6.3	38.7	7.3	13.7
補助金申請支援	2.6	7.2	40.9	6.9	7.1	35.4	9.8	13.9

注）メインバンクを持つ3,287人の回答結果。

（11）脱炭素化への取り組みを期待する支援機関や支援メニュー

> 問33　今後、貴社が「脱炭素化」に取り組んでいくにあたり、相談したい、あるいは頼りにしたい外部機関等をすべて選んで下さい。

　脱炭素化の取り組みにあたり、相談したい、あるいは頼りにしたい外部機関について尋ね、選択率の高いものから表したのが、図表51である。
　上位は、行政（国、地方公共団体）19.8％、地域経済団体（商工会議所、商

工会等）13.5％が占めている。金融機関は信用金庫 5.4％、信用金庫以外の預金取扱銀行 3.8％と低く、金融機関単独では相談を受けること自体が難しい。相談してもらえるように金融機関の活動を広報しなければならないが、自治体と連携することが即効性のある対応策であると考えられる。

図表 51　相談や頼りにしたい支援機関

行政（国、地方公共団体）	19.8
地域経済団体（商工会議所、商工会等）	13.5
販売先	8.8
同業他社	7.1
士業（税理士、公認会計士、中小企業診断士等）	6.5
信用金庫	5.4
損害保険会社	5.0
信用金庫以外の預金取扱金融機関（大手行、地方銀行等）	3.8
仕入先	2.6
専門コンサルタント	1.7
その他	0.5
特になし	62.3

> 問 34　政府は、脱炭素化対応に係る支援メニューとして、グリーンバリューチェーンプラットフォームを提供しています。なお、グリーンバリューチェーンプラットフォームとは、環境省が、企業の脱炭素化経営に向けた取り組みを支援するために温室効果ガス排出に関する取り組み方法や各種事例紹介、ガイドをまとめた「脱炭素化経営」の総合情報プラットフォームのことです。
> 貴社では、これら支援メニューを活用していますか。

問 34 では、インターネット上で脱炭素化の情報を取得できるグリーンバリューチェーンプラットホームの活用状況を尋ねた。最も多いのが、「そもそも知らない」（87.0％）であった。「活用している」のは 0.9％にとどまる。「知っているが活用していない」（12.1％）を加えた、両者の合計を「活動＋認知」としたが、合計で 13.0％と低い。

問35　前問で「活用している」と回答した方にお尋ねします。活用したきっかけについてすべて選んで下さい。

　図表52には、グリーンバリューチェーンプラットホームを活用したきっかけを選択率の高い順に記載した。そもそも利用者数が少なく、結果の頑健性には疑問が残るが、「シンポジウム・セミナー等からの情報」、「取引金融機関からの情報」、「商工会議所・商工会からの情報」が活用したきっかけの上位項目である。情報満載のツールであるが、やはり支援機関からの直接の利用案内などのアプローチが必要なのであろう。

図表52　グリーンバリューチェーンプラットホーム活用のきっかけ

シンポジウム・セミナー等からの情報	48.9
取引金融機関からの情報	33.3
商工会議所・商工会からの情報	33.3
ホームページからの情報	26.7
SNSからの情報	22.2
新聞・雑誌からの情報	20.0
書籍からの情報	6.7
わからない	4.4
その他	0.0
調査数	45

問36　今後、貴社が「脱炭素化」に取り組んでいくにあたり、政府の規制改革等に期待することはありますか。当てはまるものをすべて選んで下さい。

　図表53は、脱炭素化の促進に関して、政府の規制改革に期待することの回答結果である。
　回答者全体の結果をみると、「省エネ・再エネ導入等にかかる補助金・助成金制度の拡充」が最も多く（23.5％）、「省エネ・再エネ導入等にかかる税制優遇の拡充」（18.6％）、「補助金・助成金制度のPR強化」（17.6％）が続いている。

補助金や助成金、税制優遇など負担軽減策を選択する企業が多い。「特にない」が59.6％と半数以上であり、脱炭素化への関心が二分されていることがわかる。

図表53には、企業規模別に整理した結果も示している。ほとんどの項目について、企業規模が大きくなるにつれ選択率は高まっている。一方、「特にない」回答については、規模が小さいほど選択率は高まっている。規模が小さい企業の脱炭素化への関心が薄いことを表している。

図表53　政府の政策に期待すること

	全体	0人	1人	2～5人	6～10人	11～20人	21～50人	51～100人	101人以上
省エネ・再エネ導入等にかかる補助金・助成金制度の拡充	23.5	18.0	24.3	27.8	31.7	30.3	44.1	46.4	50.8
省エネ・再エネ導入等にかかる税制優遇の拡充	18.6	14.6	18.3	22.0	23.4	27.7	34.1	29.0	36.9
補助金・助成金制度のPR強化	17.6	13.4	17.4	22.0	24.5	30.3	25.9	26.1	30.8
小規模事業者等の中小企業の先進事例の紹介の充実	12.7	9.9	15.1	15.1	18.9	15.4	18.2	13.0	21.5
脱炭素化関連法の新設・改正による再エネの推進	9.4	8.4	8.8	11.2	9.1	5.3	14.1	20.3	24.6
エネルギー関連データの情報開示の充実	7.3	6.6	6.3	8.9	6.8	6.9	7.1	13.0	18.5
排出量取引市場の整備	5.4	4.0	5.6	7.8	4.9	4.8	9.4	8.7	12.3
その他	0.7	0.6	1.1	0.6	0.8	1.1	2.4	0.0	1.5
特にない	59.6	68.3	55.4	52.8	45.3	44.7	36.5	31.9	29.2
調査数	5,248	2,790	662	1,039	265	188	170	69	65

問37　今後、貴社が「脱炭素化」に取り組んでいくにあたり、地方公共団体に期待することはありますか。当てはまるものをすべて選んで下さい。

図表54は、地方公共団体に期待することの回答結果である。

回答者全体の結果を見ると、「独自の補助金・助成金制度の拡充」が最も多く（29.5％）、「地域金融機関との連携（利子補給等を含む）」が次に多い（11.3％）。これは、利子補給を伴う制度融資などが期待されているのであろう。政府の政

策への期待と同様、補助金や助成金、利子補給など負担軽減策を選択する企業が多い。

　自治体の「認証制度の創設・拡充」については約1割の選択率があり、補助金と違って財政負担が小さいだけに、中小企業の脱炭素化の浸透に活用できるツールだといえそうである。

　なお、身近な自治体の支援策についても「特にない」が61.1％と半数以上あり、脱炭素化への関心をまったく持たない企業が多数であることを示している。

図表54　地方公共団体に期待すること

	全体	0人	1人	2～5人	6～10人	11～20人	21～50人	51～100人	101人以上
独自の補助金・助成金制度の拡充	29.5	23.1	32.6	35.1	37.7	39.4	48.8	47.8	52.3
地域金融機関との連携（利子補給等を含む）	11.3	7.1	10.1	15.7	17.0	27.1	23.5	18.8	27.7
条例の制定による再エネの推進	9.9	8.7	9.2	11.8	10.9	9.0	12.4	15.9	18.5
認証制度の創設・拡充	8.1	6.0	6.9	9.5	11.3	12.8	15.9	18.8	24.6
都市間連携（県内、広域、地方圏等）	5.5	4.8	5.4	6.4	7.9	4.8	5.3	8.7	12.3
脱炭素先行地域への応募	4.3	3.5	3.9	5.9	4.2	5.9	4.7	8.7	10.8
ポジティブゾーニング（再エネ促進エリアの策定・通知）	3.7	3.5	4.0	4.1	3.8	3.7	3.5	4.3	9.2
その他	0.5	0.4	0.6	0.4	0.4	0.5	1.8	1.4	1.5
特にない	61.1	69.4	58.9	53.9	47.9	44.1	40.0	34.8	27.7
調査数	5,248	2,790	662	1,039	265	188	170	69	65

　図表54には、地方公共団体に期待する回答を企業規模別に整理した結果も示している。ほとんどの項目は、企業規模が大きくなるにつれ選択率は高まっている。自治体の認証制度については、101人以上企業では25％の選択率となっている。企業内の意識高揚や地域での脱炭素化を浸透させるために効果的であり、積極的な活用の検討が望まれる。地元の自治体がそうした制度を持っていない場合には、金融機関から自治体に導入を働きかけることも一考に値する。

　一方、「特にない」回答については、規模が小さいほど選択率は高い。規模が小さい企業の脱炭素化への関心は薄いことを表している。

(12) 脱炭素化に関するメインバンクへの期待

> 問38 今後、貴社が「脱炭素化」に取り組んでいくにあたり、メインバンクに期待することはありますか。

図表55 メインバンクへの期待／金融支援

	調査数	非常に期待する	多少期待する	ほとんど期待しない	まったく期待しない
全体	5,248	10.5	22.7	28.4	38.4
0人	2,790	6.8	17.0	28.7	47.6
1人	662	9.7	25.2	30.4	34.7
2～5人	1,039	13.2	27.3	29.0	30.5
6～10人	265	19.2	32.1	25.7	23.0
11～20人	188	19.1	38.8	25.0	17.0
21～50人	170	23.5	34.1	24.7	17.6
51～100人	69	30.4	43.5	17.4	8.7
101人以上	65	21.5	33.8	29.2	15.4

　図表55は、脱炭素化に取り組む上でメインバンクに期待する金融支援への期待について尋ねた回答結果である。

　全体の結果を見ると、メインバンクに期待する企業は33.2%（「非常に期待する」と「多少期待する」の合計）であった。

　図表55には、企業の従業員規模別に整理した結果も示している。従業員が5人までの小規模の企業では、「期待しない」（「ほとんど期待しない」と「まったく期待しない」の合計）が「期待する」（「非常に期待する」と「多少期待する」の合計）を上回る。

　一方、従業員が6人以上の企業では、反対に「期待する」が「期待しない」を上回り、メインバンクの金融支援に期待する回答比率が高くなる。特に51～100人規模の企業では73.9%がインバンクの金融支援を期待している。規模が大きい企業に対しては、金融機関は事業性評価を通じて接触頻度が高いため、企業側からの金融機関への期待度が高まると考えられる。

図表 56　メインバンクの非金融支援への期待

	調査数	非常に期待する	多少期待する	ほとんど期待しない	まったく期待しない
全体	5,248	5.7	22.5	32.0	39.8
0 人	2,790	3.2	17.5	30.8	48.5
1 人	662	4.4	24.3	35.2	36.1
2～5 人	1,039	7.1	26.9	32.9	33.1
6～10 人	265	11.7	31.3	31.7	25.3
11～20 人	188	14.4	34.0	33.5	18.1
21～50 人	170	15.3	28.8	34.7	21.2
51～100 人	69	15.9	49.3	26.1	8.7
101 人以上	65	18.5	33.8	29.2	18.5

　図表 56 は、脱炭素化を取り組む上でメインバンクの非金融支援への期待を示したものである。全体の結果を見ると、期待しているのは 28.2％と、金融支援に比べて 5％ポイントほど少ない。

　図表 56 には、企業の従業員規模別の結果も示している。従業員が 50 人までの企業では、「期待しない」が「期待する」を上回っている。一定規模以下の企業はメインバンクの非金融支援にはあまり期待していないといえる。一方、従業員が 51 人以上の企業では、反対に「期待する」が「期待しない」を上回る。たとえば、51～100 人規模の企業では 65.2％がメインバンクの非金融支援を期待している。

　金融支援では 5 人までの企業は期待しない回答が多かったが、非金融支援では 50 人までの企業は期待しないと回答している。金融支援の方が非金融支援よりも期待されているようである。これは、金融機関のサポート内容としての脱炭素化支援が（特に日常的な接触頻度の少ない小規模）企業に認知されておらず、企業が脱炭素化に関して金融機関に相談する価値はないと思っているためなのかもしれない。

> 問 39　下記のそれぞれの「金融支援」についてどの程度メインバンクに期待しますか。

図表 57　金融支援の期待度

	非常に期待する	多少期待する	ほとんど期待しない	まったく期待しない	期待する計
サステナブルあるいはグリーンに特化した中・長期目線での融資実行	4.9	22.1	31.3	41.6	27.0
必要な資金の迅速な融資実行	9.4	23.9	28.1	38.6	33.3
必要な資金の低利での融資実行	11.5	23.5	26.6	38.4	35.0

　図表 57 は、金融支援の具体的な内容について、どういったことを期待しているかについて尋ねた回答結果である。右端の「期待する計」を縦に見ると、3 割前後が各項目について期待するという回答であり大きな差はない。サステナブルあるいはグリーンという名目に関わらず、低利の資金を迅速に提供してほしいという期待である。

　驚くべきは、資金提供という仲介機能について期待しない回答が 7 割もあるということである。この点については、図表 58 で規模別に見てみる。

図表 58　従業員規模別の金融支援期待

	調査数	サステナ融資	迅速な融資	低利融資
全体	5,248	27.0	33.3	35.0
0 人	2,790	19.1	23.4	24.7
1 人	662	28.2	34.9	35.5
2〜5 人	1,039	32.0	40.8	43.6
6〜10 人	265	45.3	54.7	56.2
11〜20 人	188	47.0	58.0	62.2
21〜50 人	170	49.4	57.1	61.8
51〜100 人	69	58.0	63.8	63.8
101 人以上	65	52.3	66.2	67.7

　図表 58 は、従業員規模別に見た各金融支援項目の期待率を表している。「サステナブルあるいはグリーンに特化した中・長期目線での融資実行」については、51 人以上の企業で期待する回答が 5 割を超える。脱炭素化に関わる設備投資資金などに活用したいという意向があるのであろう。「必要な資金の迅速な融資実行」や「必要な資金の低利での融資実行」では 6 人以上の企業で期待

する回答が5割を超えている。

　小規模の企業では、迅速・低利の融資が相対的には多いが、規模の大きな企業に比べると少ない。小規模企業においては、脱炭素化に費用をかけることを意図していないために、そもそも金融支援を必要としないということなのであろう。

> 問40　「非金融支援」において、メインバンクに期待する役割についてすべて選んで下さい。

図表59　メインバンクに期待する非金融支援

	全体	0人	1人	2〜5人	6〜10人	11〜20人	21〜50人	51〜100人	101人以上
補助金情報の提供・作成補助	21.3	15.5	20.2	27.1	33.2	35.6	37.1	39.1	40.0
政府等の有用な支援施策の紹介	13.0	8.6	13.9	18.4	17.4	21.3	21.8	31.9	26.2
地域内の事業者の取り組みに関する情報提供	12.3	9.4	13.3	15.0	18.1	17.6	17.1	17.4	21.5
脱炭素化を生産性向上につなげるビジネス提案	9.2	6.8	9.4	11.4	14.3	11.7	16.5	17.4	23.1
省エネ施策・再エネ導入・排出量取引の活用等のCO2排出量を削減するための具体的な提案	9.1	6.8	8.6	11.3	12.8	18.1	13.5	17.4	20.0
全国の事業者の取り組みに関する情報提供	8.0	6.8	8.3	8.9	10.9	11.7	10.6	10.1	13.8
脱炭素化の動きに関連する先進的な情報提供	8.0	6.3	8.8	8.0	12.8	10.1	14.1	14.5	21.5
外部の専門人材等の紹介	6.5	3.7	6.0	8.7	7.9	14.9	20.0	17.4	21.5
地域脱炭素化の取り組みにおける中核的な役割	6.5	4.7	6.2	8.3	9.1	9.6	12.4	10.1	18.5
CO2排出量の算定にあたってe-dash等の外部専門機関の紹介	4.5	3.1	6.3	7.5	7.4	5.9	11.6	16.9	
その他	0.5	0.3	0.2	0.4	0.0	0.0	0.0	0.0	1.5
特に期待する役割はない	63.3	72.6	61.6	54.4	47.2	43.1	41.8	33.3	35.4
調査数	5,248	2,790	662	1,039	265	188	170	69	65

　図表59は、非金融支援についての期待項目を尋ねた質問への回答結果である。全体の結果を見ると、上位5項目は、「補助金情報の提供・作成補助」21.3％、「政府等の有用な支援施策の紹介」13.0％、「地域内の事業者の取り組

みに関する情報提供」12.3％、「脱炭素化を生産性向上につなげるビジネス提案」9.2％、「省エネ施策・再エネ導入・排出量取引の活用等のCO_2排出量を削減するための具体的な提案」9.1％である。情報提供が期待されているが、単に情報を伝えるということでは十分ではなく、実際に補助金を申請するところまでを含めた行動に移せる形での情報提供が金融機関に求められている。

図表59には、企業規模別の回答結果もまとめてある。総じて企業規模が大きくなるにつれて、非金融支援の期待は増加することが読み取れる。規模の大きい企業は脱炭素化への取り組みが進んでいるが、これらの企業はどのような非金融支援を求めているのだろうか。

ここで、101人以上の企業と0人の企業の選択率の差が大きい非金融支援の上位3項目（「補助金情報の提供・作成補助」であれば、40.0 − 15.5＝24.5）を調べると、「補助金情報の提供・作成補助」、「政府等の有用な支援施策の紹介」、「外部の専門人材等の紹介」が、企業規模によって期待している度合いの大きく異なる非金融支援であった。

図表60　資金繰り支援の評価と今後の脱炭素化に関する金融支援への期待

		資金繰り支援					
		良い	やや良い	ふつう	やや悪い	悪い	わからない
金融支援	非常に期待する	30.0%	21.1%	10.2%	13.8%	24.1%	5.6%
	多少期待する	35.3%	42.8%	27.0%	28.1%	16.1%	15.4%
	ほとんど期待しない	18.0%	24.6%	34.2%	33.1%	19.7%	26.2%
	まったく期待しない	16.7%	11.6%	28.6%	25.0%	40.1%	52.8%
	調査数	300	346	1,787	160	137	557

図表60から図表63までは、問23の資金繰り支援や事業計画策定支援についてのメインバンクへの評価と、問38の脱炭素化へのメインバンクの金融支援、非金融支援への期待をクロスして整理したものである。

まず、脱炭素化の金融支援についてみる。図表60は、たとえば、資金繰り支援について「良い」と評価した300社のうち、脱炭素化に関する金融支援に「非常に期待する」という比率は30.0％であるということを示している。資金繰り

支援が良いと評価する企業は脱炭素化の金融支援に期待している。反対に資金繰り支援が悪いと評価する企業は脱炭素化の金融支援には期待していないという結果を示している。

図表 61　事業計画策定の支援評価と今後の脱炭素化に関する金融支援への期待

		事業計画策定支援					
		良い	やや良い	ふつう	やや悪い	悪い	わからない
金融支援	非常に期待する	37.1%	26.9%	12.2%	12.1%	20.8%	8.2%
	多少期待する	32.4%	46.1%	30.2%	31.4%	19.5%	17.4%
	ほとんど期待しない	16.2%	15.5%	32.5%	37.2%	18.9%	29.4%
	まったく期待しない	14.3%	11.4%	25.1%	19.3%	40.9%	45.0%
	調査数	105	193	1,668	207	159	955

　図表 61 は、事業計画支援の評価との関係を示している。ここでは、事業計画支援は非金融支援の代表として取り上げている。事業計画支援が「良い」と評価する企業は脱炭素化の金融支援にも期待している。反対に事業計画支援が悪いと評価する企業は脱炭素化の金融支援には期待していない。これは、図表 60 と同様の結果であるが、非金融支援の評価の方が、脱炭素化への金融支援の期待に対してより密接に関連しているように見受けられる。
　脱炭素化支援の金融支援は、これまでに行ってきた事業性評価（に基づく金融支援や非金融支援）と一体で取り組まなければ、企業に十分に訴求できないことを示している。

　次に、脱炭素化の非金融支援への期待についてみる。図表 62 は、資金繰り支援が良いと評価する企業は脱炭素化の非金融支援には「多少期待する」（41.7%）が多く「非常に期待する」（18.3%）とまではいかない。資金繰りについては十分な対応をしてもらっているとしても、企業は金融機関の脱炭素化の非金融支援力にはいまだ懐疑的であるのかもしれない。
　反対に資金繰り支援が悪いと評価する企業は、脱炭素化の非金融支援に期待していないという結果である。

図表 62　資金繰り支援の評価と今後の脱炭素化に関する非金融支援への期待

		資金繰り支援					
		良い	やや良い	ふつう	やや悪い	悪い	わからない
非金融支援	非常に期待する	18.3	12.4	5.8	6.9	12.4	2.2
	多少期待する	41.7	37.6	25.6	28.1	17.5	16.0
	ほとんど期待しない	20.7	32.9	38.2	36.9	23.4	28.4
	まったく期待しない	19.3	17.1	30.5	28.1	46.7	53.5
	調査数	300	346	1,787	160	137	557

図表 63　事業計画策定支援の評価と今後の脱炭素化に関する非金融支援への期待

		事業計画策定支援					
		良い	やや良い	ふつう	やや悪い	悪い	わからない
非金融支援	非常に期待する	32.4	18.1	6.4	6.3	13.8	3.2
	多少期待する	32.4	46.6	28.2	32.9	20.8	18.3
	ほとんど期待しない	19.0	22.3	38.3	38.2	20.8	30.7
	まったく期待しない	16.2	13.0	27.2	22.7	44.7	47.7
	調査数	105	193	1,668	207	159	955

　図表 63 は、(非金融支援の代表として) 事業計画策定の支援に良い評価を与えている企業は、脱炭素化についての非金融支援にも「非常に期待する」との回答が多い (32.4%)。これまでに、お金の面以外で評価できる金融機関に対しては、脱炭素化の非金融支援も期待したいということであろう。したがって、これまでの事業性評価に基づいて、特に非金融面の支援を実施できている金融機関とそうでない金融機関で、脱炭素化の支援を顧客に訴求する難度は大きく異なることが予想される。

　図表 64 から図表 65 までは、問 23 の資金繰り支援や事業計画策定支援以外のメインバンクへの評価と、問 38 の脱炭素化へのメインバンクの金融支援、非金融支援への期待をクロスして整理したものである。

図表64　メインバンクの評価（資金繰りと事業計画策定以外）と今後の脱炭素化金融支援への期待

		金融支援			
		非常に期待する	多少期待する	ほとんど期待しない	まったく期待しない
気候変動対応支援	良い	38.5	32.7	13.5	15.4
	悪い	22.4	20.4	21.7	35.5
販路拡大支援	良い	35.0	31.7	15.0	18.3
	悪い	23.0	18.0	21.7	37.3
人材紹介支援	良い	36.7	16.7	20.0	26.7
	悪い	22.9	21.3	22.9	32.9
事業承継支援	良い	44.1	27.1	10.2	18.6
	悪い	19.4	21.8	22.2	36.6
事業転換支援	良い	36.6	31.7	9.8	22.0
	悪い	14.9	19.8	25.2	40.1
業務効率化支援	良い	44.7	19.1	17.0	19.1
	悪い	16.8	19.6	25.0	38.6
デジタル化支援	良い	45.1	23.5	11.8	19.6
	悪い	19.8	20.8	23.7	35.7
補助金申請支援	良い	41.7	34.5	10.7	13.1
	悪い	19.4	21.1	22.0	37.5

図表65　メインバンクの評価（資金繰りと事業計画策定以外）と今後の脱炭素化非金融支援への期待

		非金融支援			
		非常に期待する	多少期待する	ほとんど期待しない	まったく期待しない
気候変動対応支援	良い	34.6	28.8	21.2	15.4
	悪い	15.1	22.4	22.4	40.1
販路拡大支援	良い	28.3	35.0	16.7	20.0
	悪い	13.9	21.3	24.2	40.6
人材紹介支援	良い	33.3	23.3	16.7	26.7
	悪い	12.9	26.5	22.5	38.2
事業承継支援	良い	33.9	30.5	15.3	20.3
	悪い	13.4	23.1	23.6	39.8
事業転換支援	良い	31.7	36.6	9.8	22.0
	悪い	12.4	23.3	20.3	44.1
業務効率化支援	良い	36.2	27.7	14.9	21.3
	悪い	12.5	21.2	22.3	44.0
デジタル化支援	良い	37.3	27.5	15.7	19.6
	悪い	11.6	24.6	25.6	38.2
補助金申請支援	良い	32.1	36.9	14.3	16.7
	悪い	10.8	23.3	23.7	42.2

これらの図表から、「気候変動対応支援」、「販路拡大支援」、「人材紹介支援」、「事業承継支援」、「事業転換支援」、「業務効率化支援」、「デジタル化支援」、「補助金申請支援」で良い評価をしている企業は、脱炭素化の金融支援や非金融支援に対して非常に期待していることがわかる。

　したがって、脱炭素化支援だけを打ち出しても、企業から受け入れられることは少ないであろう。事業性評価に基づく日頃からの支援が、脱炭素化の促進にとっても重要な鍵となる。

4. まとめ

　本章は、地域の脱炭素化社会の実現に向けて、脱炭素化に対する関心度・スタンス・自社への影響、脱炭素化に向けた具体的な取り組み状況・意向、脱炭素化に取り組む際の課題、国・自治体・金融機関への期待など、中小企業の経営者へ包括的に質問を行って、実態を把握しようとした点に特徴がある。本章を実効性の高い脱炭素化施策や提案を行う起点としたい。

　本章の主な結果を以下にまとめる。

　回答者はすべて事業経営に責任ある回答者であり、個人事業主73.8％、法人の経営者は26.2％の比率となっている。回答企業の本社所在地は首都圏、東海圏、近畿圏の3つの地域で66.9％を占める。比率の高い上位5つの業種は、「学術研究・専門技術サービス業」16.7％、「生活関連サービス・娯楽業」11.2％、「小売業」8.7％、「建設業」8.1％、「不動産業」8.1％である。規模を従業員数で見ると、経営者1人のみで運営している企業は53.2％と過半を占め、従業員1人の企業は12.6％、2-5人の企業は19.8％であり、合計すると85.6％の企業は従業員5人以下の規模である。小規模企業の回答企業が多いことが本調査の特徴である。

　脱炭素化への関心度について、個人の立場や企業経営者のどちらの立場から見ても関心があるのは4割程度にとどまり、脱炭素化への関心は低いといえる。企業規模別に脱炭素化への関心を調べると、総じて規模が大きくなるにつれて

関心がある割合が高まっている。全体では脱炭素化に関心のある企業は4割程度であったが、一定の規模の企業での関心は7割近くになっている。中小企業への脱炭素化促進活動は、規模により提供する情報や内容を変えていくことが必要であろう。

業況の見通し別に脱炭素化への関心に差があるかどうかを調べると、業況が「非常に良い」と「良い」企業の5割ほどは脱炭素化への関心がある。反対に、業況が「ふつう」、「悪い」、「非常に悪い」企業は、脱炭素化への関心は20％〜30％台と低い。現在の業績と将来の業績が悪いと考えている事業者は脱炭素化への関心が低いといえる。

脱炭素化の取り組み状況は、「十分に対応している」0.8％、「それなりに対応している」11.1％と両者の合計は11.9％であった。脱炭素化に関心がある企業は約4割であるが、取り組み実施の割合は約1割と差が大きい。脱炭素化への関心を持ちながら、行動に移せていない企業が多いことが想定できる。

中小企業の脱炭素化の取り組みは十分に進んでいない。それは、事業者が多くの経営課題を抱えている中で、優先度が低いからであろう。脱炭素化に取り組んだ場合に経営への影響を尋ねたところ、プラス影響とマイナス影響を比べるとマイナス影響が上回っており、脱炭素化への取り組みは負担が大きいと考える企業は多い。短期に比べると中長期になるとその差は縮まるが、それでも負担感が強く、狭い意味での本来業務の方に力を入れようということになる。脱炭素化に取り組んだ場合の経営への影響を規模別に整理すると、従業員規模が大きくなるほど経営にプラスの影響があるとする企業が多い。問題は、小規模企業では無関心が多く、したがって「影響はない」や「わからない」という回答の選択率が非常に多いことである。

エネルギー価格高騰から経営に悪影響を受けている企業は7割に達する。エネルギー価格高騰から「マイナスの影響」を受けているとする企業の4割は、脱炭素化への関心を持っている。さらに、「プラスの影響」があるという企業の65％は、脱炭素化への関心を持っている。

次に脱炭素化に向けた具体策の取り組み状況を見た。エネルギー価格の高騰

から悪影響を受けている企業が約7割あるが、省エネルギーに取り組んでいる企業は31.2%、今後取り組みたい企業は26.8%である。再生可能エネルギーの導入／切替に既に取り組んでいる企業は7.8%と少ないが、今後取り組みたい企業は24.7%と、省エネルギーの取り組み意向（26.8%）とそれほど変わらない。

自社のCO_2排出量算定は、見える化をキーワードに脱炭素化の意識喚起を図るツールとして周知されてきたが、「取り組んでいる」は4.7%、「今後取り組みたい」は16.7%と、ニーズはそれほど強くない。CO_2排出量算定をどのように取り組みたいかについて尋ねたところ、CO_2排出量の算定支援のニーズは強くなく、有料でも支援を受けたいとの回答は2.2%と極めて低い。支援機関としては、まずはセミナーなどへの参加を促して脱炭素化への共感を高める必要がある。

現在取り組んでいる脱炭素化の具体策を尋ねたところ、選択数の多い上位1位から5位の項目は、「クールビズ・ウォームビズの実施」、「省エネルギー」、「廃棄物の抑制」、「事業活動にて生じた廃材等のリサイクル」、「低燃費自動車の導入」であった。今後3年以内に取り組みたい項目について7割以上の企業は、「クールビズ・ウォームビズの実施」、「物流の見直し」、「省エネルギー」、「廃棄物の抑制」、「自社社員への脱炭素化に関連する学習機会の提供」を選択している。支援機関としてはこれらの脱炭素化項目を中心にしたコンサルティングの働きかけが有効であろう。

多くの企業がすでに日常的に行っている施策（クールビズ・ウォームビズなど）が、脱炭素化の取り組みの第一歩として位置付けられることを企業に伝えることで、脱炭素化が通常の業務と異なった特別なものであるとの誤解を払拭することができるであろう。また、実際に取り組んでいる企業の方が脱炭素化への課題が少ないと感じているという結果から、小さな一歩でも歩み始めることが脱炭素化社会の実現に寄与できると考えられる。

脱炭素化強化の課題を尋ねたところ、「特に課題はない」が37.1%と最も選択率が高かった。脱炭素化への無関心やわからない層が多いことを反映している。具体的な選択肢を見ると、「経費負担の増加」26.8%、「取り組んでも利益

につながらない」16.3％、「対応に必要な資金の不足」15.5％、「社員負担の増加」9.1％などが多く、収益につながるかやヒトやカネの確保が、脱炭素化を進める上での大きな関心事であることを示している。

「ヒト」や「カネ」が確保できた場合、脱炭素化に取り組む意向はあるかどうかについて尋ねたが、ほぼ半数は取り組む意向があると回答している。従業員規模別に見ると、規模が大きくなるにしたがって、ヒト・カネの条件が揃えば脱炭素化に取り組む割合は増加している。ただし、「十分な内部留保の確保」、「継続的に十分な資金の確保」、「補助金・助成金の獲得」といったカネは前提条件として重要であるとする一方で、「社員数自体の確保」、「「脱炭素化」専門人材の中途採用による確保」というヒトの面は、カネほど重要ではないとの回答が多かった。ヒトには追加でコストをかけたくないという意識の表れだと思われる。

脱炭素化に取り組むための動機づけを与えている関係者について尋ねた。動機づけ者として多いのは、地域社会8.7％、地方自治体6.2％のほか、販売先7.7％や仕入先6.4％といった取引先が多い。取引金融機関が動機づけ関係者であると回答したのは2.3％にとどまった。さらに、規模別に見ると小規模企業が取引金融機関を動機づけ関係者と見る比率は他の支援機関と比べて低い。これは、金融機関からの働きかけが低調なためであろう。小規模企業との取引接点が多い信用金庫が、こうした企業層へ積極的にアプローチすれば、自らの強みを引き立たせることになろう。

メインバンクに対する評価について、コロナ禍でのゼロゼロ融資による資金提供機能は評価されているものの、「資金繰り支援」以外の項目についてのメインバンクへの評価は低く、「気候変動対応支援者」としてメインバンクを評価するものはほとんどいなかった。

脱炭素化の取り組みにあたり、相談したい、あるいは頼りにしたい外部機関について尋ねた。選択された上位機関は、行政（国、地方公共団体）19.8％、地域経済団体（商工会議所、商工会等）13.5％である。金融機関は信用金庫5.4％、信用金庫以外の預金取扱銀行3.8％と低く、脱炭素化について相談されるよう

な金融機関になるためには自治体との連携を考慮する必要があろう。

政府の政策に期待することとして、「省エネ・再エネ導入等にかかる補助金・助成金制度の拡充」23.5%、「省エネ・再エネ導入等にかかる税制優遇の拡充」18.6%、「補助金・助成金制度のPR強化」17.6%と、補助金や助成金、税制優遇など負担軽減策を選択する企業が多い。地方公共団体に期待することは、「独自の補助金・助成金制度の拡充」29.5%、「地域金融機関との連携（利子補給等を含む）」11.3%と、政府への期待と同様、補助金や助成金、利子補給など負担軽減策を選択する企業が多い。自治体の「認証制度の創設・拡充」については全体では1割の選択率であるが、101人以上企業では25%が選択している。補助金などと比べて財政負担が小さいことから、企業の脱炭素化の浸透に活用できるものとして期待できる。地元の自治体がそうした制度を持っていない場合には、金融機関側から積極的に働きかけることも有効であろう。

脱炭素化に取り組む上でメインバンクに金融支援や非金融支援を期待するかについて尋ねたところ、金融支援で33.3%、非金融支援で28.2%と、金融機関への期待は低い。脱炭素化を取り組む上でメインバンクの金融支援への期待を、企業の従業員規模別に見ると、従業員が5人までの小規模の企業では、「期待しない」が「期待する」を上回る。一方、従業員が6人以上の企業では、反対に「期待する」が「期待しない」を上回り、メインバンクの金融支援に期待する回答比率が高くなる。特に51～100人規模の企業では73.9%がメインバンクの金融支援を期待している。規模が大きい企業に対しては、金融機関は事業性評価を通じて接触頻度が高いため、企業側からも金融機関への期待度が高いのであろう。

メインバンクの非金融支援への期待を従業員規模別に見ると、従業員が50人までの企業では、「期待しない」が「期待する」を上回り、メインバンクの非金融支援にはあまり期待していない。一方、従業員が51人以上の企業では、反対に「期待する」が「期待しない」を上回る。51～100人規模の企業では65.2%がメインバンクの非金融支援を期待している。金融支援では5人までの企業は期待しない回答が多かったが、非金融支援では50人までの企業は期待

しないと回答している。非金融支援への期待を得るには、より深い関係性が求められるようである。

　また、資金繰り支援や事業計画策定支援についてのメインバンクへの評価と、脱炭素化へのメインバンクの金融支援、非金融支援への期待の関係を調べてみた。

　脱炭素化の金融支援について見てみると、資金繰り支援が良いと評価する企業は脱炭素化の金融支援にも期待している。反対に資金繰り支援が悪いと評価する企業は脱炭素化の金融支援には期待していない。次に事業計画支援が良いと評価する企業は、脱炭素化の金融支援にも期待している。反対に事業計画支援が悪いと評価する企業は脱炭素化の金融支援には期待していない。脱炭素化支援の金融支援は事業性評価と一体であることを示している。

　脱炭素化の非金融支援について見てみると、資金繰り支援の評価が良いと評価する企業は、脱炭素化の金融支援には「多少期待する」（41.7％）が多く「非常に期待する」（18.3％）とまではいかない。回答企業は金融機関の脱炭素化の非金融支援力にはいまだ懐疑的であるのかもしれない。反対に資金繰り支援の評価が悪いと評価する企業は、脱炭素化の非金融支援にも期待していない。そして、事業計画策定の支援に良い評価をしている企業は、非金融支援にも「非常に期待する」との評価をしている。お金の面以外で評価できる金融機関は、脱炭素化の非金融支援も信頼できるということであろう。脱炭素化支援だけを実施しても企業からは受け入れられないであろう。

　以上、本調査では企業の脱炭素化に向けて、多くの中小企業のアンケート回答結果から貴重な情報を得ることができた。今後とも中小企業の脱炭素化経営にかかる実態や課題、施策について調査・研究を進め、その成果を広く発信することで、中小企業の脱炭素化の実現に貢献したい。

　　注）　本章は家森・尾島（2024）を一部改変したものである。また、家森・尾島（2025）では、主な結果に絞って議論している。

〈参考文献〉

経済産業省（2022）「クリーンエネルギー戦略　中間整理」産業技術環境局・資源エネルギー庁, 2022.5.19
　　https://www.env.go.jp/council/content/i_01/000060962.pdf
　　2024.5.16 閲覧

神戸商工会議所・日本政策金融公庫（2023）「カーボンニュートラルに向けた企業の意識/取り組みに関する調査」結果について」神戸商工会議所・日本政策金融公庫, KCCI News Release, 2023.4.24.
　　https://www.kobe-cci.or.jp/news/20230424/　　2024.5.13 閲覧

商工中金（2023）「中小企業のカーボンニュートラルについての意識調査」商工中金産業調査部, 2023.10.31.
　　https://www.shokochukin.co.jp/report/data/assets/pdf/futai202307.pdf
　　2024.5.13 閲覧

東京商工会議所（2023）「東商けいきょう　2023 年 10 〜 12 月期集計結果（中小企業の景況感に関する調査）付帯調査：脱炭素・カーボンニュートラルへ向けた取り組みについて」東京商工会議所, 2023.12.8.
　　https://www.tokyo-cci.or.jp/file.jsp?id=1201759　　2024.5.13 閲覧

日本政策金融公庫（2023）「中小企業の脱炭素への取り組みに関する調査」日本政策金融公庫総合研究所, 2023.1.20.
　　https://www.jfc.go.jp/n/findings/pdf/sme_findings230120_1.pdf
　　2024.5.27 閲覧

家森・尾島（2024）「中小企業の脱炭素化実現に向けたアンケート調査の結果報告」神戸大学経済経営研究所ディスカッションペーパー DP2024_J09.
　　https://www.rieb.kobe-u.ac.jp/academic/ra/dp2024_J09.pdf

家森・尾島（2025）「中小企業の脱炭素化実現に向けたアンケート調査に基づく分析－成長と脱炭素化の両立を目指すための現状と課題－」『信金中金月報』特集号.

第2章 兵庫県の中小企業における脱炭素化への対応[#]

兵庫県播磨地域の事業者への
脱炭素化アンケート結果からの示唆

神戸大学経済経営研究所　尾島　雅夫
持続可能地域士　阿向　賢太郎
行政書士　西尾　正平

1. はじめに

　気象庁（2023）によると、2023年の日本の年平均気温偏差[1]は +1.29°Cで、統計を開始した1898年以降、最も高い値になると報告している。2020年は +0.65°C、2021年度 +0.61°C、2022年度 +0.60°Cであり、記録的な高温となっている。特に1990年代以降、高温となる年が多く、地球温暖化の進行に伴い高温が発生しやすくなっている。日本だけでなく、2023年の世界の年平均気温偏差は +0.53°Cで、統計開始の1891年以降最も高い気温になった。こうした高温になる要因として、二酸化炭素などの温室効果ガスの増加に伴う地球温暖化の影響をあげている。図表1は、温室効果ガス累積排出量と気温変化量の関係を散布図で示したが、正の相関関係を示している。

[#] 本稿は、第18回地域金融コンファランス（2024年8月26-27日東北学院大学にて開催）での報告論文を改編したものです。家森信善神戸大学教授、討論者の品田雄志先生（信金中央金庫地域・中小企業研究所）からの貴重なコメントとご教示を、また持続可能地域づくり機構畑中直樹代表理事及びスタッフの皆様から、現地実査の手配、情報を、同機構第7期SMCFチームT氏から資料を頂戴しました。ここに謝辞を表します。ただし本稿の見解、ありうべき誤謬はすべて筆者の責任に帰するものです。

[1] 平均気温偏差は、各地点ごとの1991年〜2020年の気温の平均値からの差を求め、それらを全地点で平均した値である。

図表1　温室効果ガス排出量と気温変化

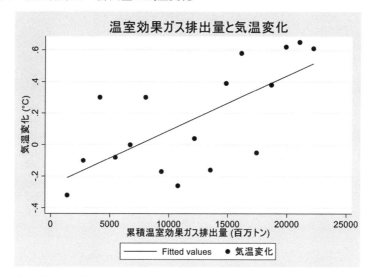

（出所）環境省ホームページのデータ 000128750.pdf（env.go.jp）及び気象庁ホームページのデータ https://www.jma.go.jp/jma/press/2312/22d/20231222_press_2023tenkomatome.html より筆者作成，閲覧日 2024.3.31

　2021年10月22日に「地球温暖化対策計画」が閣議決定された。わが国は、2050年までに温室効果ガスの排出を全体としてゼロにする「2050年カーボンニュートラル」の実現、さらに2030年度に温室効果ガスを2013年度から46％削減することを目指す。産業界においても事業者の取り組みが求められ、大企業だけでなく中小企業も脱炭素化を進めることが必要である。わが国の雇用の約7割を支える中小企業は、日本全体の温室効果ガス排出量の内1.2億トン〜2.5億トンを占め（経済産業省（2022））をしめ、中小企業は取り組みを促進することが求められている。中小企業が脱炭素化に取り組むことは、省エネによるコスト削減、環境先進企業であることの優位性から取引先から支持を受けやすくなること、サステナブルな資金調達手段の多様化など様々なメリットを受けるチャンスが広がるようになる。しかし、取組方法、情報、資金面、人材面などが十分でない中小企業にとって脱炭素化のハードルは高い。

金融庁が委託調査した EY ストラテジー・アンド・コンサルティング（2023）によれば、地域における中小企業の気候変動対応はその取り組みはみられるものの、「そもそも気候変動対応の必要性を感じていない」、「気候変動対応の重要性は認識しているが取り組めていない」などの課題があると報告している。中小企業の脱炭素化への取り組みは進んでいないことが想定されるが、では中小企業の脱炭素化への取り組みはどの程度なのか。

神戸商工会議所・日本政策金融公庫（2023）は、2023 年 2～3 月に兵庫県内の神戸商工会議所の会員事業者及び日本政策金融公庫取引先 5,900 社に対して、カーボンニュートラルに向けた WEB によるアンケート調査を行い取組状況の報告をしている。有効回答数は 835 社で、内 101 社は従業員数が 301 名以上であり回答者には大企業を含んでいる。この調査によれば、「取り組んでいる」が 48.7%、「検討している」が 29.1%、「取り組んでいない」は 22.2%と回答した。注目すべきは、500 名超企業（70 社、8.3%）の大企業においては「取り組んでいない」企業はゼロとなったことである（2022 年調査では 46 社、6.6%の企業が取り組んでいないと回答していた）。300 人以下の企業を中小企業とみなしてアンケート結果から取組率を試算すると 44%となる。アンケート調査の従業員数 500 人超の大企業においては 100%の取組率であり、企業規模によって脱炭素化の取り組みには大きな違いがあると考えられる。

上記調査の規模の大きな企業に見られるように、脱炭素化は企業の社会的責任への貢献、SDGs 目標や ESG への環境的影響を改善するため社会全体のリスクを負担するという機能が働いていると推察する。

一方、Friedman,M.（1970）は、私有財産制度のもとでの経営者は事業の所有者の雇用者であり、可能な限り多くの金を稼ぎビジネスを行えばよく、経営者は株主や顧客のお金を使って社会的活動や社会的責任を果たすことは求められていないと述べる。人やお金の面で制約の強い中小企業にとっては、脱炭素化にむけて人材、時間、お金を投入することは事業活動に振り向ける努力が削減されることになる。中小企業にとって脱炭素化には必要性を感じられず、脱炭素化と業務にはトレードオフの関係が発生しやすくなる。脱炭素化を進める

ことができる事業者は人やお金に余裕がある企業に限られることになるのであろうか、中小企業にとって脱炭素化への取り組みを進めることは困難なのかと疑問を抱かせる。

　本稿では、中小企業にも脱炭素化を進めている企業は多く存在すると想定し、そうした企業の行動や特徴を調べることができれば、取り組みの進んでいない中小企業の取り組みに示唆を得ることができるかもしれないとの問題意識を持った。そこで中小企業の脱炭素化の取り組みを進めるにはどうすればいいかについて、脱炭素化の進む事業者を見つけ、アンケート調査の実施や事業者への取材を行って手がかりを求めようとした。

　ひょうご持続可能地域づくり機構（HsO）は、地域において持続可能な地域づくり及び地域課題の解決を進める担い手を養成するため、環境省の人材育成モデル事業[2]として、全国3地区（兵庫県、滋賀県、佐賀県）のうちの一つとして選定された。同機構は、採択を契機として2015年に兵庫県と兵庫県内市町村を構成者として設立された。地域において「低炭素・資源循環・自然共生」社会を推進する担い手となる人材を育成することが目的である。われわれは2022年から同機構のオーガナイザー育成プログラムに参加し、中小企業の脱炭素化をテーマとして活動をしてきた。活動内容としては、先行アンケート調査や文献調査及び脱炭素に取り組んでいる事業者の実査を行った。具体的には、兵庫県洲本市（淡路島）に脱炭素化について工夫を重ねている事業者の現場訪問や、主に地元兵庫県内の中小企業の脱炭素化の実態把握のために、著者らが日常的に接する企業へアンケート調査を実施した。アンケート調査では、上場製造企業の一次サプライヤーと播磨南中部の中小企業の二つのルートから回答を得て、二つのグループの脱炭素化取組の実態を確認しょうとした。二つのグループに分けたのは、一次サプライヤーの取組意識は高いことを想定し、その取組姿勢から脱炭素化を進めるヒントを得ようとしたことである。

2　環境省（2015）「平成27年度持続的な地域創生を推進する人材育成拠点形成モデル事業の採択結果について」　https://www.env.go.jp/press/101102.html,20248.31閲覧

以下では、2節で企業の脱炭素化と環境変化に対応する企業行動の関係についての先行理論研究、先行アンケート調査の確認、3節で取材した事業者の取組状況、4節でアンケート結果の分析、5節で考察、6節でしめくくる。

2. 先行研究及び先行アンケート調査

（1）先行研究

　企業の脱炭素化とは環境変化に対応する企業行動のことであるが、脱炭素化という社会的な課題解決と企業利益の関係は、トレードオフ仮説と利害関係者仮説の二つによって説明できる。

　「はじめに」で触れたFriedman,M.（1970）においては、企業の社会的に責任ある行動は企業利益の減少を意味し、他の企業と比べて不利になるとする。経営者は株主から受け入れた資金をできる限り多く稼ぐことが期待されている。この資金を業務活動以外に使用することは利益を失うことになり、脱炭素化と利益には機会費用という負の関係が見られる。この説をトレードオフ仮説と呼ぶことにする。フリードマンに対して、Mackey,J.（2005）は、自分はビジネスマンであり自由市場の自由主義者であるが、社会にプラスの結果を生み出すために顧客、従業員、サプライヤー、コミュニティなどの利害関係者を第一に考えていると述べる。脱炭素化と企業収益には正の関係を想定しており、本稿では利害関係者仮説と呼ぶ。

　トレードオフ仮説の論稿において、Devinney,T.M.（2009）は企業が株主価値や経済利益を創出することを超えて、社会的な目的や結果を達成しようとすることを否定しない。しかし、その選択が社会的に責任あるかどうかを判断することは、ほとんどの場合不可能であると主張し、社会的に責任ある企業という概念を受け入れていない。Mackey,A,T.B.Mackey and J.B.Barney（2007）は、均衡状態では、社会的に責任ある企業と伝統的な利益最大化企業の株価は同じであるが、一株当たりの利益は同じではない。経済の社会的に責任ある企業は、そのような活動に資金を提供しない企業よりも純利益が低くなる。したがって、

社会的に責任ある企業の一株当たりの利益は、伝統的な利益最大化企業の一株当たりの利益よりも低くなる、と主張する。

他方、利害関係者仮説においては、Russo M.V.and Fouts P.A.（1997）は、企業の環境問題に対しての方針や行動をとっているかを示す指標が高いと、資産や売上からどのくらいの利益を得ているかを示す指標は高くなり、企業価値も向上すると主張する。Prorokowski,L.（2015）の金融機関経営と環境問題についての論稿では、金融機関が環境リスクに対処することは、地球だけでなく新しいビジネスをもたらし、コストを削減し評判の低下を回避することによって銀行自身にも役立つと述べている。金融機関の収益は、事業会社の取引先に依存していると考えると、金融機関は事業会社の環境対応をサポートする必要があるとの示唆が得られよう。Freeman R.E.,S.D.Dmytriyev,& R.A.Phillips（2019）は、利害関係者仮説を展開している。利害関係者は会社の存続と成功に不可欠であり、持続可能性、規範性、人、行動という4つの要素を組み込むことであると述べる。

Freeman R.E.,S.D.Dmytriyev,& R.A.Phillips（2019）の言説からは、持続可能性という視点を考慮すると、脱炭素を進めれば失わなければならないものがあるというトレードオフ仮説ではなく、持続可能な社会は利害関係者仮説を軸にすべきであるということである。本稿で議論するのは、脱炭素化が社会にプラス効果を生み出すには、われわれの行ったアンケート結果から浮き彫りにした利害関係者の脱炭素に対する「共感」や「脱炭素化のビジネスチャンスの可能性」の重要性である。

（2）先行アンケート調査

中小企業の脱炭素化の取り組みついてのアンケート調査は各種あるが、ここでは取組状況や取り組みが進んでいない理由について見てみる。

1節で取り上げた神戸商工会議所・日本政策金融公庫（2023）は、大企業においては脱炭素化に「取り組んでいない」企業はゼロであるが、中小企業での取組率を試算すると44%であった。企業規模により取組度に差が現われてい

る。しかし、規模でなくても中小企業の属性によっては取組度に差が見られるかもしれない。この点は我々の行うアンケート調査で、取り組みの進む中小企業を見つけるために活かしたい。東京商工会議所（2023）は、東京23区内の中小企業2,835社にアンケート調査（WEB及び聴き取り）を行い1,030社から回答を得た。「取り組みを行っていない」と回答したのは60.1%、取り組んでいるのは39.9%（100-60.1）である。商工中金（2023）も同種の調査を行っており、全国の中小企業取引先9,927社へアンケート（WEB及び郵送）を配布し有効回答数は5,233社だった。この調査では実施・検討を合わせると44.2%が脱炭素化に取り組んでおり、55.8%が取り組んでいないとの回答だった。日本政策金融公庫（2023）の1666社の中小企業へのアンケート回答では脱炭素化「実施」の割合は44.9%である。

従って4社の調査をまとめると、中小企業の脱炭素化取組の実施率は4割程度で半分にも達しておらず、日本の企業のほとんどを占める中小企業の脱炭素化は進んでいないといえる。

次に中小企業の取り組みが進んでいない理由を確認する。日本政策金融公庫（2023）において取り組みを行う上での課題を尋ねている。選択率の高い上位3項目は、「コストが増える」23.0%、「手間がかかる」15.0%、「資金が不足している」14.1%であった。東京商工会議所（2023）の調査では、上位3項目は、「業務負担の増加」35.8%、「コストに見合う効果が見込めない」30.9%、「人材やノウハウの不足」20.7%が選択されている。神戸商工会議所・日本政策金融公庫（2023）においては、「ノウハウ、専門知識・情報の不足」42.5%、「コストを転嫁できない」36.0%、「人材の不足」36.9%、「コストに見合う効果が見込めない」29.2%と選択されている。

神戸商工会議所・日本政策金融公庫（2023）の「ノウハウ、専門知識・情報の不足」を除くと、3社のアンケート回答は、「あるものを手に入れるためにあきらめなければならないものである」、つまり脱炭素化をすすめるとコストが増え利益を削減するというトレードオフの考えが多いことがわかる。しかしすべての中小企業について当てはまるのかどうか検証が必要であろう。

3. 兵庫県の淡路島の洲本市を訪ねて

　文献調査だけでなく脱炭素化を進めている事業者を現地に訪ね、脱炭素化の現場を調べた。事業者は個々別々であり一般化することはできないが、実情把握のために有益な話を伺うことができた。

　洲本市の野菜農家を営むO氏を訪ねた。淡路島は過疎化の進む地域であるが、過疎化をくいとめ淡路島で農業を絶やしてはいけないとの考えからソーラーファームを設置することにした。一般には農地の上にパネルを置くと日照がなくなるため農業はできなくなる。O氏の周辺の農地はパネルの設置のみであり農業は行われていない。そこでO氏の農地では図表2の写真のような日照もできるように、手動で角度調整するパネルを設置して、農業とパネル設置を両立できるように工夫した。農業収入だけでは十分でないため、再エネ収入と合わせることで経営ができているとのことである。初期投資として大きな資金を要したが、この資金を別の投資に回さず、地域農業の維持のために再エネ

図表2　淡路島ソーラーファーム

筆者撮影 2023 年 1 月

を活用したとのことである。大消費地の神戸市と近いこともあり出荷も順調にできている。

　地域資源を活用して持続可能な地域づくりをしたいという考えと、農業か再エネのどちらか一つをとるというトレードオフでなく、再エネを農業経営のチャンスとして捉えている。自発的な地域づくりの持続可能志向、再エネか利益かのトレードオフでなく再エネをビジネスチャンスに活かしたことで、O氏の農業経営を成立させたのである。

　2カ所目は同じ洲本市にあるウェルネスパーク五色の温浴施設「ゆ～ゆ～ファイブ」に設置されたバイオマスボイラーである。近隣の放置されていた竹林では有害鳥獣による農業被害が発生していた。この竹材を伐採してチップにし、重油の代わりにバイオマス燃料としてボイラーの燃料に利用するものである。初期費用としてボイラー設備は補助金を利用している。重油使用削減により年間150トンのCO_2が削減できていると、洲本市役所のT氏より説明いただいた。

図表3　竹チップを主原料とするバイオマスボイラー

筆者撮影 2023年1月

図表4　重油の代わりとなる竹チップ

筆者撮影 2023 年 1 月

　農業被害の軽減、美しい里山保全、竹の伐採・チップ製造による雇用創出など、この事業により地域の持続可能性を高めることができている。バイオマス原料の地域資源活用と脱炭素の両立が行われている。脱炭素化を行ったから失ったものがあるということではない。
　ソーラーファームもバイオマスボイラーも地域の持続可能性という公共性を持ち、脱炭素化をビジネスチャンスにしている。各種のアンケート調査で見られる中小企業が脱炭素化を進めようとするときの脱炭素化に伴うコストとリターンのトレードオフを乗り越えている。

4. アンケート調査結果による分析

(1) アンケート調査方法と対象先
　1節で大企業の脱炭素は進んでいることに触れたが、同じ中小企業でも脱炭素化の進展している企業と進んでいない企業があるかもしれない。脱炭素化の対応が遅れた中小企業は大手企業のサプライチェーンから排除されるリスクは高まってきているといえる。そこで我々は大手企業の一次サプライヤー（以下サプライヤーと呼ぶ）とそうでない中小企業（以下事業者と呼ぶ）の両方のグループから脱炭素化に係るアンケート調査を行った。両者に違いがあればそれ

をヒントにして、遅れがちな中小企業へ取り組みの示唆を得られないかと考えた。ここでは大手製造企業の一次サプライヤーの取り組みが進んでいることを仮定している。一次サプライヤーとそうでない事業者を明確に分けた回答が得られたことが大きな特徴である。なお一次サプライヤーに対して脱炭素化について外部からの要請があったかどうかを尋ねたが、すべての回答者は現状要請はないと回答している。

　アンケート配布先は、我々の日常の仕事で可能な限り直接接することができる事業者に限ろうとしたので、WEBアンケートのような大規模なものではない。また、我々の居住する地域の事業者の脱炭素化への取り組みを進めるという実践的な目的のために、アンケート対象先は一次サプライヤーを除くと兵庫県内の一地域に限られる。しかし二つのグループの母集団は独立しており、二つのグループから得られた平均値に有意な差があるかどうかをt検定を利用して行う。

（調査概要）

期　　間：2023年5月26日〜6月30日

対　　象：上場製造企業の一次サプライヤー25社、
　　　　　兵庫県播磨南中部の中小企業27社

回収率：いずれも100%

方　　法：メールあるいは面談

項　　目：脱炭素化に対する理解度
　　　　　省エネ、二酸化炭素排出削減の取組状況
　　　　　環境ビジネスへの関心の度合いと取組状況
　　　　　今後の脱炭素化への対応について

図表 5　従業員規模

サプライヤー	社数	%
1～10人	2	8.0
11～20人	3	12.0
21～50人	3	12.0
1人～100人	6	24.0
101人以上	11	44.0
合計	25	100.0

事業者	社数	%
1～10人	3	11.1
11～20人	5	18.5
21～50人	7	25.9
1人～100人	6	22.2
101人以上	6	22.2
合計	27	100.0

図表 6　業種

サプライヤー	社数	%
製造	19	76.0
建設	4	16.0
運輸	0	0.0
卸売	2	8.0
合計	25	100.0

事業者	社数	%
製造	24	88.9
建設	2	7.4
運輸	1	3.7
卸売	0	0
合計	27	100.0

図表 7　所在

サプライヤー	社数	%
姫路市	5	20.0
神戸市	2	8.0
高砂市	2	8.0
大阪市	2	8.0
加古川市	1	4.0
明石市	1	4.0
枚方市	1	4.0
大東市	1	4.0
茨木市	1	4.0
兵庫・大阪以外	9	36.0
合計	25	100.0

事業者	度数	%
加西市	26	96.3
加古川市	1	3.7
合計	27	100.0

　図表 5～図表 7 は回答企業の従業員数、業種、所在地の属性を表している。従業員規模を見ると、20 人以下の企業はサプライチェーンが 20%、事業者は 29.6%、51 人以上企業はサプライチェーンが 68%、事業者は 44.4%と、サプライチェーンの方がやや大きいものの、従業員規模に突出した大きな違いは見られない。業種を見ると、サプライチェーンは製造業 76.0%、事業者は製造業

88.9%であり、業種は製造業中心である。所在地を見ると、サプライチェーンは兵庫県内に44%所在、残りは全国に散在している。事業者は兵庫県内企業が100%であり内96.3%が播磨南中部の加西市に位置している。所在地の分布に違いはあるものの、アンケート対象先の中心は同規模の製造業である。

(2) アンケート回答の結果分析
①なぜ脱炭素化の取り組みが進まないか

図表8と図表9は、問3「現在の省エネ、温室効果ガス排出削減等への取組状況」について尋ねた規模別の回答結果である。サプライヤーは18社72%、事業者は7社25.9%が取り組んでいると回答している。サプライヤーの取組度が高いが、両社を統合すると25社48%となる。2（2）で引用した大規模のアンケート調査の44%前後の取組率と大きく変わらないことが確認できる。また、事業者は規模が大きいほど取り組みが進んでいるが、サプライヤーには規則性は見られない。

図表8　規模別の脱炭素化取組状況：　サプライヤー

	社数	1～10人	11～20人	21～50人	51～100人	101人以上
1. 取り組んでいる	18	100.0%	33.3%	66.7%	66.7%	81.8%
2. 取り組んでいない	4	0.0%	33.3%	0.0%	33.3%	9.1%
3. 検討している	3	0.0%	33.3%	33.3%	0.0%	9.1%
合計	25	2	3	3	6	11

図表9　規模別の脱炭素化取組状況：　事業者

	社数	1～10人	11～20人	21～50人	51～100人	101人以上
1. 取り組んでいる	7	0.0%	0.0%	14.3%	16.7%	83.3%
2. 取り組んでいない	12	100.0%	80.0%	28.6%	50.0%	0.0%
3. 検討している	8	0.0%	20.0%	57.1%	33.3%	16.7%
合計	27	3	5	7	6	6

図表10　取り組む上での課題

	サプライチェーン		事業者	
	社数	％	社数	％
取り組むためのノウハウ、専門知識・情報の不足	13	52.0	18	66.7
取り組みを推進できる人材の不足	15	60.0	14	51.9
脱炭素化よりも他に優先すべき業務がある	5	20.0	14	51.9
コストに見合う効果が見込めない	7	28.0	4	14.8
温暖化対策に回す資金の不足	6	24.0	5	18.5
脱炭素化に係る仕事が増加し、日常業務に支障	3	12.0	7	25.9
どう取り組めばいいのかわからない	2	8.0	13	48.1
必要性を感じない	2	8.0	1	3.7
その他	4	16.0	0	0.0
合計	57	100.0	76	100.0

注）複数回答可

　図表10は問4「取り組む上での課題」を尋ねた回答である。言い換えると、なぜ取り組みが進まないかの回答である。色付けした枠の回答の「脱炭素化よりも他に優先すべき業務がある」、「温暖化対策に回す資金の不足」、「脱炭素化に係る仕事が増加し、日常業務に支障」は、「2（1）先行研究」で記載したような「別のやるべきことがあるので脱炭素化には労力やコストをかけられない」というトレードオフ仮説と整合的な回答である。たとえば、「脱炭素化よりも他に優先すべき業務がある」の行を見ると、サプライチェーンは5社20.0％の選択であるが、事業者は14社51.9％が選択しており差異は大きい。「脱炭素化に係る仕事が増加し、日常業務に支障」についても、サプライチェーンは3社12.0％の選択であるが、事業者は7社25.9％が選択しており差は大きい。脱炭素化と業務はトレードオフの関係にあることを想起させる。この二つと異なり、「温暖化対策に回す資金の不足」は、サプライチェーンが6社24.0％、事業者5社18.5％とサプライチェーンの比率がやや上回るが差は小さい。

　これら3つの脱炭素化を阻害する問題について、サプライチェーンと事業者の差異はトレードオフ仮説を説明できるのかどうか統計的な検証を行った。アンケート回答者が3つの問題について選択した項目の数を点数化（1項目1点）して回答者別に集計、回答者に0～3点の点数を割り当てた。点数が高いほど、

脱炭素化と業務はトレードオフの関係が強いと解釈できる。そこで両者の平均値を算出し両グループの平均の差について t 検定を行った[3]。結果は事業者の平均はサプライヤーの平均を 0.402 上回っており、検定統計量 t は 1.871、p 値 0.068<10%と 10%水準で有意であった。つまり事業者は脱炭素化にかかる業務はコストと考えているため、脱炭素化には積極的に取り組まないことを示唆している[4]。

②脱炭素化を進めるために必要なことは何か

次にサプライヤーと事業者は、脱炭素の「共感」と「新しいビジネスを得られる」ことについて意識の違いはあるかどうかを我々のアンケート回答から探ってみた。Freeman R.E.,S.D.Dmytriyev,& R.A.Phillips（2019）は、利害関係者仮説には人と行動の要素を取り込むことであると述べているが、本稿の文脈から脱炭素の「共感」と「新しいビジネスを得られる」ことが、脱炭素化を進める要素であると思考する。

SDGs や ESG について理解できていることを脱炭素化への共感と捉えることにした。問 1「貴社の脱炭素化への理解度」について尋ねた結果を図表 11 に表した。単一回答であり、「1. 十分理解している」を選択した回答者に 1 点をつけた。さらに問 10「（脱炭素化に）取り組む必要があると考える」質問に対する回答を図表 12 に示した。回答は複数回答可であるが、「2.SDGs 目標やESG への対応」を選択した回答に 1 点を付与し、脱炭素の共感の満点を 2 点とした。こうしてサプライヤーと事業者に共感の平均点に差があるかどうか t 検定を行った[5]。結果は、検定統計量 t は -3.693、p 値 =0.001<0.01 となり 1%水準有意、すなわちサプライヤーの脱炭素化に対する共感は事業者と比べ統計

---

[3] t 検定にあたり二つのグループについて等分散の検定を行った。$F_{(26,24)} = 0.41, p<0.05$ であり等分散を仮定していない。

[4] この結果の頑健性について確認する。「脱炭素化よりも他に優先すべき業務がある」、「脱炭素化に係る仕事が増加し、日常業務に支障」の二つの項目を選択した回答者の選択数の平均値は、事業者の方がサプライヤーを 0.457 上回っている。検定統計量 t は 2.905、p 値 0.005<1%と 1%水準で有意であり、事業者の脱炭素化と業務にトレードオフの関係を見ることができる。

[5] t 検定にあたり二つのグループについて等分散の検定を行った。$F_{(26,24)} = 0.16, p<0.001$ であり等分散を仮定していない。

的にも高いことがわかる。

図表11　脱炭素化に対する理解度

	サプライヤー		事業者	
	社数	%	社数	%
1. 十分理解している	9	36.0	1	3.7
2. 大まかに理解している	9	36.0	10	37.0
3. どちらともいえない	6	24.0	9	33.3
4. あまり理解していない	0	0.0	2	7.4
5. 理解していない	1	4.0	5	18.5
合計	25	100.0	27	100.0

注）単一回答

図表12　脱炭素化に取り組む理由

	サプライヤー		事業者	
	社数	%	社数	%
1. CSR（企業の社会的責任）の一種	6	17.1	8	15.7
2. SDGs目標やESGへの対応	6	17.1	3	5.9
3. エネルギーコストの低減	4	11.4	7	13.7
4. 自社のブランド力・イメージ向上	4	11.4	9	17.6
5. 環境規制など法令順守	3	8.6	5	9.8
6. ビジネスリスクの軽減	3	8.6	4	7.8
7. 新たなビジネスチャンスを得られる	5	14.3	3	5.9
8. 補助金・税制への優遇	2	5.7	5	9.8
9. 人材の確保・定着につながる	2	5.7	1	2.0
10. 弊社以外の外部からの要請	0	0.0	6	11.8
11. その他	0	0.0	0	0.0
合計	35	100.0	51	100.0

注）複数回答

　さらに、脱炭素化は新しいビジネスチャンスが得られるかについてアンケート回答から調べる。問7「現在の環境ビジネスへの取組状況」について尋ねた結果を図表13に表した。単一回答であり、「1.既に取り組んでいる」を選択した回答者に1点を付与した。問10「（脱炭素化に）取り組む必要があると考える理由」の質問に対する回答を図表12に表した。回答は複数回答可であるが、「7.新たなビジネスチャンスを得られる」を選択した回答に1点を付与し、脱

炭素化により収益化のチャンスができることについての満点を2点とした。こうしてサプライヤーと事業者に脱炭素化のビジネスチャンス獲得の平均点に差があるかどうかt検定を行った[6]。 検定統計量tは-3.693、p値=0.001<0.01となり1%水準有意、すなわちサプライヤーは事業者に比べて脱炭素化により新たなビジネスチャンスを獲得できると考えている。

図表13　環境ビジネスへの取り組み状況

	サプライヤー		事業者	
	社数	％	社数	％
1. 既に取り組んでいる	13	65.0	7	33.3
2. 具体的な取り組みについて検討している	1	5.0	6	28.6
3. 取り組むかどうか検討している	2	10.0	5	23.8
4. 取り組みたいが、何をすべきかわからない	3	15.0	3	14.3
5. 取り組む予定はない	1	5.0	0	0.0
合計	20	100.0	21	100.0

注）単一回答

5. 考察

　中小企業の脱炭素化を阻害するのは利益を削減するコスト負担のためであることがわかった。脱炭素化に費やす資源を他の業務に投入すれば稼げる利益も増えるという認識である。そうであれば、脱炭素化を進めることは新しいビジネスチャンスや新しい収益源につながるような発想の転換が事業者には必要であろう。さらに大事なことは経営者や従業員が脱炭素化を理解してSDGsやESGへ対応することに対して共感する意識を持つことが必要であろう。
　中小企業の脱炭素化の取り組みは大企業に比べて進んでいないのは各種アンケート調査でも明らかにされている。我々の実施したサンプル数のきわめて少

---

[6] t検定にあたり二つのグループについて等分散の検定を行った。$F(26,24) = 0.40, p<0.05$であり等分散を仮定していない。

ないアンケート調査でもそのことを確認した。しかし、産業全体で中小企業の占める割合は雇用者数で7割にも達し、中小企業の脱炭素の取り組みが進まないとわが国の脱炭素化社会の実現もかなわない。中小企業の取り組みが進まないのはトレードオフ仮説と整合的である。経営者のリーダーシップの発揮は必要だが、合わせて雇用者数の7割を占める中小企業の従業員が脱炭素化を理解し脱炭素化に共感して取り組みを進めることが重要である。先行研究でも示唆されるように脱炭素化とビジネスの収益チャンスはトレードオフでなく正の関係にあることを理解することである。

我々の実施したアンケート調査は、対応関係のない二つのグループ、つまり大手製造企業の一次サプライヤーと一次サプライヤーと対応関係のない中小の事業者から回答を得たことに特徴がある。一次サプライヤーはいつ受注先や販売先から脱炭素要請があるかもしれないという点で取り組みのドライブがかかることがあるかもしれない。しかし我々は、二つのグループの違いが捉えられれば一般の事業者への示唆が得られるのでないかと考えた。分析結果は4節で明らかなように、脱炭素化の進んでいる企業は、脱炭素化に対する共感が高く、脱炭素化と本業はトレードオフでなく、利害関係者仮説と整合的であることであることがわかった。経営者や従業員が伝統的なトレードオフの思考に捉えられたままだと、中小企業の脱炭素化は停滞を余儀なくされるだろう。

6. おわりに

中小事業者は、経営者と従業員がともに脱炭素化に対する「共感」を共有し、脱炭素化をすすめることが事業や社会をよりよくするという考え方への転換がますます求められる。

本章のアンケート調査にあたっては可能な限り回答者との面談をすることとしたが、このために質問数は13問と少なく、またサンプル数も小規模になったことは他の調査と比べると十分でないかもしれない。中小企業の脱炭素化は難度が高いと考えるが、我々は日常業務で常に中小企業と接しており、今後と

もインタビューによる事例の蓄積と情報発信、脱炭素化提案を継続し、地域の中小企業の脱炭素化進展に貢献する所存である。

〈参考文献〉

EY ストラテジー・アンド・コンサルティング（2023）「地域における中小企業の気候変動対応と金融機関による支援に関する実態把握業務」EY ストラテジー・アンド・コンサルティング（株），
https://www.fsa.go.jp/common/about/research/20230407/02.pdf，
2024.5.13 閲覧

気象庁（2023）「2023 年（令和 5 年）の日本の年平均気温及び日本近海の年平均海面水温（速報）」気象庁，2023 年 12 月 https://www.jma.go.jp/jma/press/2312/22d/20231222_press_2023tenkomatome.html．2024.5.16 閲覧

気象庁（2024）「気候変動監視レポート 2023　世界と日本の気候変動および温室効果ガス等の状況」気象庁，令和 6 年 3 月．
https://www.data.jma.go.jp/cpdinfo/monitor/2023/pdf/ccmr2023_all.pdf
2024.5.16 閲覧

経済産業省（2022）「クリーンエネルギー戦略　中間整理」産業技術環境局・資源エネルギー庁，2022.5.19
https://www.env.go.jp/council/content/i_01/000060962.pdf
2024.5.16 閲覧

神戸商工会議所・日本政策金融公庫（2023）「「カーボンニュートラルに向けた企業の意識／取組に関する調査」結果について」神戸商工会議所・日本政策金融公庫，KCCI News Release, 2023.4.24.
https://www.kobe-cci.or.jp/news/20230424/
2024.5.13 閲覧

商工中金（2023）「中小企業のカーボンニュートラルについての意識調査」商工中金産業調査部，2023.10.31.
https://www.shokochukin.co.jp/report/data/assets/pdf/futai202307.pdf
2024.5.13 閲覧

東京商工会議所（2023）「東商けいきょう　2023 年 10 〜 12 月期集計結果（中小企業の景況感に関する調査）付帯調査：脱炭素・カーボンニユートラルへ向けた取り組みについて」東京商工会議所, 2023.12.8.
https://www.tokyo-cci.or.jp/file.jsp?id=1201759　2024.5.13 閲覧

日本政策金融公庫（2023）「中小企業の脱炭素への取り組みに関する調査」日本政策金融公庫総合研究所, 2023.1.20.
https://www.jfc.go.jp/n/findings/pdf/sme_findings230120_1.pdf
2024.5.27 閲覧

Devinney,T.M.（2009）, "Is the Socially Responsible Corporation a Myth? The Good,the Bad,and the Ugly of Corporate Social Responsibility ", The Academy of Management Perspectives 23（2）, pp.44-56.

Freeman R.E.,S.D.Dmytriyev, & R.A.Phillips（2019）, "Stakeholder Theory and the Resourse-Based View of the Firm ", Journal of Management, Vol.47 No.7, September 2021, pp.1757-1770.

Friedman,M.(1970), "A Friedman doctrine:The social responsibility of business is to increase its profits ", The New York Times, Sept,13,1970.

Mackey,A,T.B.Mackey and J.B.Barney（2007）, "Corporate Social Responsibility and Firm Performance ", The Academy of Management Review, Vol.32, No.3, pp.817-835.

Mackey,J.（2005）, "Putting customers ahead of investors ", Reason, October 2005. pp.1-4.

Russo M.V.and Fouts P.A.(1997), "A Resource-Based Perspective on Corporate Environmental Performance and Profitability ", The Academy of Management Journal, Vol.40, No.3, pp.534-559.

Prorokowski,L.(2015), "Environmental Risk Index for financial services firms", Qualitative Research in Financial Markets, Vol.8 No.1, 2016, pp.16-43.

第Ⅱ部

神戸大学・尼崎信用金庫 共同研究成果発表 シンポジウム

第3章 シンポジウム「ESG地域金融がつくる中小企業の輝く社会」

基調講演録

荒木：

皆さま、大変お待たせしました。

ただ今より、神戸大学経済経営研究所、尼崎信用金庫、神戸大学社会システムイノベーションセンターの主催によるシンポジウム「ESG地域金融がつくる中小企業の輝く社会」を開始します。

私は、大阪電気通信大学メディアコミュニケーションセンター特任講師で、神戸大学経済経営研究所非常勤講師を務めています荒木千秋です。本日は総合司会を務めます。どうぞよろしくお願いします。

シンポジウムの構成は、第1部として、3人の方による講演および評価シートを活用した実践事例報告を行います。その後、休憩を挟みましてパネルディスカッションを予定しています。長丁場になりますが、最後までご参加いただけますと幸いです。

それでは、最初に、主催者を代表して、作田誠司尼崎信用金庫理事長からごあいさつを申し上げます。

作田：

改めまして、尼崎信用金庫、作田です。本日は、神戸大学さんとの、ESG地域金融のシンポジウムということで、昨年に続き2度目の開催になります。本日も、家森教授をはじめ大変多くの皆さまにご出席をいただき、このように

盛大に開催できますことを大変うれしく思っています。本日もどうぞよろしくお願いします。

さて、昨年のこのシンポジウムでは、私どものほうから、この共同研究の中で策定しました、ESG要素を加味した事業性評価シートについてご報告をさせていただきました。その後も、こうした分野への取り組みの中で、お取引先の皆さま、また信用金庫業界の皆さんとさまざまな連携をした取り組みを行ってきたところです。改めてこの1年間を振り返ってみますと、こうした環境や脱炭素へのアプローチの手法はいろいろな切り口がありますので、積極的に取り組めば取り組むほど、その取り組みの内容は充実してまいりますし、連携する範囲もさらに広がってくると感じています。

一方で、こうした取り組みが表面的なものにとどまってしまえば、これは単なるツールの提供にしか過ぎないということで、お取引先にとりましても、われわれ金融機関にとりましても、それから次の展開につなげていくことが大変難しくなってくるとも思っています。

当金庫は、こうした環境への取り組みに対して、実効性の高い取り組みにつなげていければと思っています。価値観を共有できる支援機関の皆さまと積極的にさまざまな取り組みを進めていければと思っていますので、本日ご出席の皆さまには、今後ともご協力のほど、どうぞよろしくお願いを申し上げます。

さて、本日、私どもからは、当金庫のお取引先2社とのESGに関するローカルベンチマークと事業性評価シートをそれぞれに活用した具体的な取り組み事例についてご報告をさせていただきます。お取引先の持つ事業者としての目線、そしてわれわれ金融機関の持つ目線、双方の思いがお伝えできればと思っていますので、どうぞよろしくお願いします。

さて、当初、家森教授からお声がけを頂いて始まりました、このESG地域金融に関する共同研究ですが、いよいよ3年目の取り組みがスタートすることになります。これまで2年の間、培ってきましたさまざまな経験やノウハウをさらに発展させていければと思っていますので、皆さまの引き続きのお力添えをどうぞよろしくお願い申し上げます。

結びとなりますが、本日ご出席いただきました皆さまには、こうしたシンポジウムの機会を通してさまざまな課題を共有させていただき、私どもが目指しています新しい信用金庫のビジネスモデルへの取り組みに対して温かいご支援とご協力を賜りますようお願い申し上げまして、本日の私からのごあいさつとさせていただきます。本日はどうぞよろしくお願いします。

荒木：

作田理事長、ありがとうございました。

それでは、第1部での3つの基調講演に入ります。報告者のプロフィールについては、資料ウェブからダウンロードできる配布資料を参照してください。なお、ご質問をQ&Aにお書きいただくことは可能ですが、Q&A対応はパネルディスカッションの中で行います。ただし、時間の関係上、十分な対応にならない場合があることをあらかじめご了承ください。

それでは、第1報告は、神戸大学経済経営研究所教授で、地域共創研究推進センター長を務める家森信善教授による「中小企業にとってのESG地域金融」です。家森教授、よろしくお願いします。

中小企業にとってのESG地域金融

家森 信善
（神戸大学経済経営研究所教授、同地域共創研究推進センター長）

皆さん、こんにちは。ただ今ご紹介いただきました神戸大学経済経営研究所の家森です（スライド1）。今日は、本シンポジウムに、ご多用の中ご参加いただきまして、大変ありがたく感じています。

今日は「ESG地域金融がつくる中小企業の輝く社会」というテーマでシンポジウムを企画しました。中小企業を何とか応援していきたいと思って研究をしていまして、私の場合、金融が専門分野ですので、金融の側面から、中小企

スライド1

> 神戸大学経済経営研究所、尼崎信用金庫、神戸大学社会システムイノベーション
> センター主催シンポジウム 「ESG地域金融がつくる中小企業の輝く社会」
> （2024年5月13日）
>
> # 中小企業にとっての ESG地域金融
>
> 神戸大学経済経営研究所教授
> 同地域共創研究推進センター長
> 家森信善
>
> 　
> Research Institute for Economics and
> Business Administration, Kobe University

業の方々に活躍していただける場をつくっていくにはどうしたらいいかということで研究をしています。その1つとして、このESG要素を地域金融とマッチさせる取り組みをしてみてはどうかということで、この数年取り組んでいます。今日はこのような趣旨でプログラムを組んでいます。

　このESG地域金融という用語は、恐らく環境省さんの「地域におけるESG金融促進事業」から生まれてきたのではないかと思います（スライド2）。こちらは、今日パネルディスカッションで登壇いただきます竹ケ原さまが座長をされている事業でして、私も委員として参加させていただいています。

　この目的は、環境・社会へのインパクトの創出、あるいは地域の持続可能性の向上等に資する地域金融機関の取り組みを支援する事業です。そこで同時に、ESG地域金融とは何かということも議論しまして、おおむねここに書いているような定義でいいのではないかとしています。

　1つは、まず地域金融機関が地域ごとの特性を理解することです。これはお客さまというものも含めてです。地域にある資源、お客さま、こういうものを

スライド2

> **環境省「地域におけるESG金融促進事業」**
>
> 目的：環境・社会へのインパクト創出、地域の持続可能性の向上等に資する地域金融機関の取組を支援
>
> ESG地域金融：自らが基盤とする地域の資源を見極め、その持続可能な活用による地域経済の活性化と、現在及び将来の社会課題の解決を同期させる地域金融機関の取組であり、持続可能な地域社会の実現を目指して実践されるもの。
>
> 2022年度は8金融機関（グループ）が支援対象に選定された
>
> | 尼崎信用金庫 | 業種に共通するESG要素を考慮した事業性評価・支援体制の構築 |
> |---|---|
>
> 2023年度は8金融機関が支援対象に選定された
>
> | 尼崎信用金庫 | ESG要素を考慮した事業性評価・支援による地域ESG推進モデルの確立・横展開 |
> |---|---|

まず理解をする。その上で、それを持続可能な形で活用していくことによって、地域経済の活性化を図る。さらに、ただそれは経済を良くするだけではなくて、ここに書いているように、社会課題の解決も同時にやっていこうというのがESG地域金融です。

　従来から、事業性評価という形でやってきたわけですが、今後取り組んでいく中では、地域社会の課題も同時に解決していくものでないと持続しないと考えるようになってきたわけです。これが持続可能な社会を目指すESG地域金融であります。

　今までも地域金融機関は事業性評価をしっかりやられていたところが多いのですが、その中にESG的な要素を入れてやっていこうということは、余計にパスが狭くなっていくわけでして、さらに新しいノウハウを見に付けないといけないわけです。そのために、環境省さんのほうで特別に予算をつくって、シンクタンクさんがサポートをしながら、そういうスキームをつくろうということでこれまで取り組んできたわけです。

このうち 2022 年度は 8 金融機関が対象として選定され、ここにありますように、尼崎信用金庫さんが、業種に共通する ESG 要素を考慮した事業性評価・支援体制の構築というテーマで選ばれています。

　2023 年度も、やはり 8 金融機関が支援対象に選ばれまして、尼崎信用金庫さんは 2 年連続で選出され、今度のテーマは ESG 要素を考慮した事業性評価・支援による地域 ESG 推進モデルの確立・横展開ということです。1 年目はモデルをつくる、2 年目はそれを進化させるということで応募していただいたものです。

　今、作田理事長から 3 年目というお話がありましたが、2 年間、実施しました。昨年のちょうど今の時期に、1 年目が終わった中間報告として、スライド3 の右側にありますシンポジウムを開催いたしました。後ほどまた田中部長から、尼崎信用金庫さんと神戸大学との共同研究についてのご説明がありますが、昨年のシンポジウムで中間発表をした際、パネルディスカッションの中で、兵庫県庁や兵庫県信用保証協会の方々から、こういう共同研究をやっていく上での助言を頂くなどしました。それを神戸大学出版会から、2024 年 3 月に本の

スライド 3

形で出版しています。

　このような形で昨年度で2年が終わって、今3年目に入ろうとしています。この2年間取り組んできたことで、1年目は、まず評価シートというツールをつくり、2年目は、そのツールを現場で実際に使ってみました。去年のシンポジウムではつくったことをお話しいただいたのですが、今年はそれを使った経験を、事業者の方も含めてお話しいただくことになっています。

　残りの時間で、少しだけ、もう少し広い意味での「環境」についてお話しさせていただきます。つまり、社会情勢についてです。

　スライド4には、中小企業の脱炭素への課題と書いています。今日は信金中央金庫の須藤副理事長に登壇していただきますけれども、実は私は信金中金さんとも一緒にアンケート調査を実施しています。ここに書いているように、今年の1月にアンケート調査を実施しました。これについても12月ごろにきちんとしたシンポジウムの形でご報告したいと思っています。例えば、スライ

スライド4

中小企業の脱炭素への課題

貴社における脱炭素化の取組み状況について、最も実感に合うものを1つ選んでください。

従業員数	十分に対応している	それなりに対応している	どちらともいえない	あまり対応していない	全く対応していない	わからない	回答者数
ゼロ人	0.8%	8.3%	27.1%	21.3%	35.9%	6.7%	2781
1人	0.9%	12.1%	32.2%	22.9%	26.6%	5.3%	659
2〜5人	0.7%	13.3%	31.9%	23.2%	27.6%	3.2%	991
6〜10人	0.4%	16.3%	29.5%	26.0%	26.4%	1.3%	227
11〜20人	0.7%	14.0%	34.6%	32.4%	18.4%	0.0%	136
21〜50人	0.9%	15.8%	40.4%	21.1%	17.5%	4.4%	114
51〜100人	2.0%	26.0%	24.0%	22.0%	26.0%	0.0%	50
101〜300人	7.1%	31.0%	31.0%	11.9%	19.0%	0.0%	42

➤ 規模によって対応状況に違いがあり、とくに従業員規模50人以下の小規模企業での対応が遅れている。

信金中央金庫との共同研究の一環で実施したwebアンケート調査（2024年1月）（回答者5000人）の暫定結果に基づく。

ド4を見ていただきますと、脱炭素化への取り組み状況について、最も実感に合うものはどれですかということをお尋ねしました。

それを見ると、小さな規模のところでは「十分に対応している」というのはほとんどありません。「それなりに対応している」を合わせても20％以下です。一方で、51人以上の規模の企業になると、「それなりに対応している」を合わせれば20％は超えてきますし、100人を超えれば4割ぐらいまでに上がってきます。そうではありますが、まだまだ中小企業においては、特に小規模企業ほど、脱炭素への対応は十分ではないといえます。

ところが、地域の企業としては規模の小さな中小企業が多数ですので、この部分を何とかしていかないといけないことになります。では、誰がそれをやっていくのかということになりますので、このアンケートでは、脱炭素化に取り組むに当たって動機づけを与える関係者はいますかと聞いてみました。スライド5がその結果です。「特になし」というのが、規模の小さなところでは7割、

スライド5

貴社が脱炭素化に取り組むにあたって動機づけを与える関係者等はいますか。

	0～10人	11～20人	21～50人	51～100人	101～300人
仕入先	5%	16%	11%	12%	19%
販売先	5%	14%	21%	24%	31%
同業他社（協力会社等）	4%	10%	13%	20%	17%
地域社会	7%	10%	12%	16%	14%
地域経済団体（商工会議所・商工会等）	2%	10%	8%	2%	5%
国（政府関係機関等を含む）	4%	9%	8%	6%	10%
地方公共団体（県・市町村）	5%	7%	7%	4%	21%
社員	1%	7%	11%	4%	12%
製品・サービスの利用者	4%	7%	9%	10%	14%
取引金融機関	1%	4%	10%	10%	14%
株主	0%	3%	2%	6%	17%
特になし	67%	49%	33%	34%	21%
わからない	12%	10%	11%	10%	10%
回答者数	4658	136	114	50	42

➢ 小規模企業ほど動機づけを与える関係者がいない。
➢ 小規模企業では金融機関が動機づけているのは非常に少ない。

規模が少し大きくなってきても4割台あるいは3割台、一番大きな101人以上のところでも2割で、実はまだまだ外から働きかけてもらっていません。

働きかけてもらっているもので多いものは、取引先や仕入れ先です。いわゆるサプライチェーンを通じて、脱炭素について、何とかしてください、あるいはどう考えていますかというような、大手企業からアンケートのようなものが来るというのはよく聞いていますけれども、それがこれにあたると思います。

取引金融機関から働きかけてもらっているというのはごくわずかで、特に小さな規模のところはほとんどありません。大きなところでも十数％です。まだまだ小規模企業はもちろんのこと、中規模企業であっても、脱炭素化について金融機関からの働きかけは十分できていないといえます。

私は、もちろん地域金融機関だけで取引先の脱炭素化を進めるのは難しいと思っていまして、尼崎信用金庫さんとの取り組みの中でも、兵庫県や尼崎市さん、商工会議所さん、あるいは他の金融機関と組んでやっていこうということでいろいろと模索をしているところです。

脱炭素化の取り組みを強化する上での課題と考えていることは何ですかと聞いてみると（スライド6）、「特に課題はない」と答えるのが実はかなり多いのです。ところが、この「課題はない」というのは、そのようなことは考えていないという意味だと理解できます。本来、脱炭素をしようと思うといろいろ取り組まなければいけないことがあるから、普通、課題はあるのです。その課題が何なのかすら、考えたこともないということなのです。

だから、まずは、こういうことをやらないといけないという課題感を持ってもらうことが出発点になります。いきなり高いレベルのことを求めるよりも、まずは脱炭素化が重要な課題だということ知ってもらうことから始まると思います。

経費負担の増加や社員の負担の増加、これがやはり大きな懸念材料になっています。こういうことでありますから、やはりこの部分についていうと、いきなり金融機関の皆さん、あるいは支援機関の皆さんが、「あるべき姿はこれだからこれをやりましょう。でも費用はものすごくかかります。」とおっしゃっ

スライド6

貴社が、脱炭素への取組みを強化する上で課題と考えていることは何ですか。	0～10人	11～20人	21～50人	51～100人	101～300人
経費負担の増加	24%	41%	39%	46%	45%
社員の負担の増加	6%	21%	25%	24%	33%
取り組んでも利益につながらない	16%	21%	11%	20%	10%
「脱炭素」対応できる社内人材の不足	6%	18%	14%	28%	21%
当社のCO2排出量は少量で削減効果が小さい	18%	18%	20%	8%	26%
参考となる情報源の不足	13%	17%	14%	18%	26%
必要性は感じているものの他に優先課題がある	13%	15%	20%	20%	21%
対応に必要な資金の不足	15%	15%	20%	14%	17%
相談できる支援先がわからない	12%	15%	14%	16%	12%
そもそも取り組む必要性が感じられない	12%	11%	9%	4%	7%
社内の理解が得られない	1%	4%	1%	0%	0%
特に課題はない	39%	26%	28%	28%	24%
回答者数	4658	136	114	50	42

➢ 小規模企業では課題意識すら持たない企業も少なくない。
➢ 負担感が強いので、負担の小さい取り組みから始めるのがよい。

ても、企業側は「やはりできません。」となってしまって、最初の一歩を進めてもらえません。

　まず、最初の一歩を踏み出していただくためには、大きな負担はかからないけれども、それなりにプラスが、ここは金銭的な利益だけでなくてもいいと思うのですけれども、何らかの利益があるような取り組みを、まず最初にやってみることが現実的ではないかと見ています。

　最後に、金融機関に期待するのは何ですかと聞いてみました。金融的なところ、典型的には、低い金利での融資をやってほしいなどの回答が多かったです。

　一方で、非金融的な部分での支援としてニーズはありますかと聞いた結果がスライド7です。そうすると、ここでも「特に期待する役割はない」というのが、現実としては圧倒的に多いです。

スライド7

	0～10人	11～20人	21～50人	51～100人	101～300人
補助金情報の提供・作成補助	19%	28%	31%	28%	36%
政府等の有用な支援施策の紹介	12%	21%	18%	26%	26%
省エネ施策・再エネ導入・排出権取引の活用等のCO2排出量を削減するための具体的な提案	8%	16%	8%	16%	19%
地域内の事業者の取組みに関する情報提供	12%	13%	14%	16%	14%
脱炭素化を生産性向上につなげるビジネス提案	9%	13%	10%	14%	24%
外部の専門人材等の紹介	5%	13%	19%	18%	21%
全国の事業者の取組みに関する情報提供	8%	11%	8%	12%	14%
CO2排出量の算定にあたってe-dash等の外部専門機関の紹介	4%	8%	6%	8%	14%
脱炭素化の動きに関連する先進的な情報提供	7%	7%	9%	14%	19%
地域脱炭素の取組みにおける中核的な役割	6%	7%	9%	14%	12%
特に期待する役割はない	66%	51%	50%	44%	45%
回答者数	4658	136	114	50	42

➢ 現状でも半数程度の企業は、メインバンクからの支援に期待している。
➢ まずは、的確な情報を提供することから始めて、ビジネス提案に発展させていくことが考えられる。

　これは2つの意味がありまして、1つは、先ほど申し上げましたように、小さな企業ほど脱炭素化そのものについて関心がないので、関心がないものについて、支援してもらうことを期待しませんということです。それから、もう1つは、金融機関に言っても、こういうことをしてもらえるとは思っていないという部分もあろうかと思います。現実には、今、地域金融機関の皆さん方は、こういう分野でもいろいろな支援メニューを用意されているのですが、まだまだお客さんの側にはそれが伝わっていないことになります。

　では、具体的に、今ある範囲では、どのようなものが比較的ニーズが顕在化しているかというと、情報の提供や施策の紹介です。ですので、まずは情報の提供、それから施策の紹介を、これを単純に国や県庁が作っているパンフレットを置いてくるのではなくて、当然ながら、お客さまの状況に合わせて紹介をしていくことになろうと思います。

　そこである程度問題意識を持ってもらうことができてくれば、次に具体的な

提案、あるいはビジネス提案に入っていくことができるのだと思います。金融機関としては、お客さまの状況に応じて提供していく提案内容のレベルが違うはずです。本日は、この後、事業者の代表として、ドゥパック阪和さまと新征テクニカルさまにご講演いただきますが、まさにそれぞれの事業者が今取り組まれている状況に応じて、それに合わせた提案を尼崎信用金庫さんがなされている事例だと思っています。

　これさえすれば良いという解決策はもちろんありませんが、まだ無関心層が多く、そういうところに対しては、まずこういう問題があることを知ってもらうところから始まっていきます。金融機関の方々も、まだ今のところこの分野の働きかけをほとんどされていないので、ある意味、差別化の1つのツールにもなり得ると思います。

　それでは、私の講演はここまでにさせていただきます、どうもご清聴ありがとうございました。

荒木：
　家森教授、ありがとうございました。
　第2報告は、当初予定していました金融庁サステナブルファイナンス推進室長の西田勇樹さまのご都合が悪くなり、本日は、金融庁総合政策局総合政策課サステナブルファイナンス推進室課長補佐の亀井茉莉さまによる「地域金融機関におけるサステナブルファイナンス推進の現状と課題」です。亀井さま、どうぞよろしくお願いします。

地域金融機関におけるサステナブルファイナンス推進の現状と課題

亀井 茉莉
（金融庁総合政策局総合政策課サステナブルファイナンス推進室 課長補佐）

こんにちは。今ご紹介にあずかりました金融庁サステナブルファイナンス推進室の亀井と申します。本日は室長の西田に代わりまして、私からご説明を差し上げたいと思います（スライド8）[1]。

スライド8

先ほど、家森先生から、ESG 地域金融のお話がありました。金融庁でほぼ同じような意味合いとしてサステナブルファイナンスの推進に取り組んでいる

---

1. 当日の資料のうち講演で言及された部分を、編者（家森）の責任で抜粋する形で掲載している。また、スライド番号については、本書に収録のために当日資料のページ番号とは異なっている。以下、本書については同様の取り扱いをしている。

状況です。金融庁では、サステナブルファイナンス有識者会議を開いており、地域金融を含む幅広いサステナブルファイナンスについて、どういった施策が必要なのかなどの検討をしております。

なぜ金融庁がサステナブルファイナンスに取り組んでいるのかという観点ですけれども、今、気候変動をはじめ人口減少などさまざまな社会課題が出てきています。そのような社会課題を解決していくために必要となる資金やアドバイスなどを提供していく金融を促進していくことによって、将来的にも持続可能な社会を形成していくことが非常に重要だと考えています（スライド9）。

スライド9

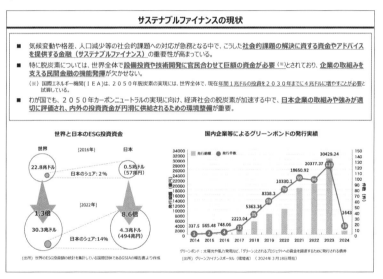

特に脱炭素に関しては、かなりの資金提供が必要で、日本の政府としても、GXにおいて官民合わせて10年間で150兆円の資金を目指すこととしています。例えば、脱炭素に対応していくことになりますと、産業によってどういう取り組みをすればいいのかというのは異なってまいります。例えば、今、石炭や天然ガスなどで何かを燃やして何かを製造していかないといけないプロセス

を取っているところが、今後、例えば電気を使ってそこのプロセスを変えていくような産業構造の変革も進められていくと考えられます。

　そういう転換が行われた際に、例えば石炭を輸送しているような中小企業や、石炭や天然ガスを燃やしている設備をメンテナンスしている中小企業はどうなっていくのかなど、さまざまな課題が出てきます。

　また、私は繊維などの技術的なことは詳しくないですけれども、かなり高温で燃やしていかないと色が染まらないという工程を使っていらっしゃるところもあるそうです。電気に移行すると石炭やガスに比べて温度は低くなってしまいますので、その低い温度でもきちんと色が染まるような新しい糸を開発しなければいけません。そのような開発をするにはどうすればいいのか、大手の取引先のアパレルメーカーはそれを受け入れてくれるのだろうか、実際にそのような糸を使って製造するような取引先の中小企業に関しては新しい設備が必要なのだろうか、という悩みを抱えている企業の声も聞いています。

　このようなことも含め、設備投資も必要になってくるという観点、また、大企業がどのような動きになっているのかも含めて、取引先企業の取り組みを支えていくことが金融にとっても必要になってきている状況です（スライド10）。

　金融庁としてどういった観点で取り組んでいるか、特に脱炭素を中心に説明を差し上げたいと思います。まず、金融当局として取り組んでいること、そして金融機関と取引先の企業がどのような形で対話を行っていくことが期待されるのか、また実体経済がどのように変わっていくか、その3つのステップで見ています。

　まず初めに、金融当局としての立場です。金融庁と金融機関で対話をしていくためのツールとして、ガイダンスを提示させていただいています（スライド11）。金融機関全てに気候変動への対応が一律的に必要かといいますと、それぞれの地域や顧客企業によって実情が異なりますし、取り組み方も異なっていくという観点から、まずは金融庁の対話としての着眼点として、スライド11のようなものを示させていただいています。

スライド10

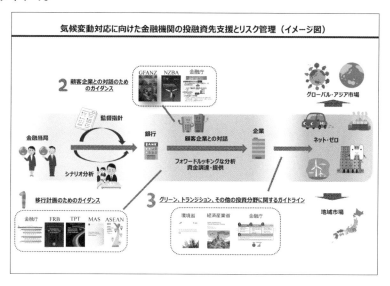

スライド11

気候変動に関しては、機会になるような側面もありますし、一方でリスクとなる側面もあります。先ほどご説明を差し上げたような産業構造が変わっていく、事業環境が変わっていくことに、取引先がどのように対応できるのかという点も含めて、どういう機会・リスクがあるのかを、まず見ていくことが必要なのではないかという内容を盛り込んでいます。

　ガイダンスの中に含まれていますが、具体的に、金融機関にとってどういう気候変動のリスクがあるのかを見極めるために、シナリオ分析のパイロットエクササイズを行っています。3メガバンクと大手3損保に対して行ったもので、例えばカーボンプライシング（炭素価格）など、経営環境が変わることによって、どういう信用コストに与える影響があるのか、最近は気候変動によって自然災害も厳しくなってきていますが、そういった物理的なリスクがどういう影響を与えるのかなどの観点で分析をしています。

　分析の目的は、個別の金融機関はどういうリスクがあるかを見ていくというよりも、まずはこのようなシナリオ分析をするのに当たって何が課題なのかを見ていくことにあります。今後もこのようなシナリオ分析を継続的に行っていこうと考えていまして、先週、このシナリオ分析の今後の取り組みの方向性（「気候関連シナリオ分析 〜銀行セクターにおける今後の取組〜（24年5月））を公表させていただきました（スライド12）。

　シナリオ分析以外にも、地方銀行に関してはどういった気候変動リスクがあるのかを一律的に分析する取り組みも行っています（スライド13）。

　移行リスクに関しては、例えば、ファイナンスド・エミッションといいますけれども、取引先の排出量がどれだけの量になっているのかを分析したり（スライド14）、自動車がEVになっていくことによって、エンジン周りの企業にどのような影響が生じうるのかという分析、また水害でどういう物理的なリスクが起こり得るのかという観点での分析なども行っています（スライド15）。

スライド 12

次回のシナリオ分析のエクササイズに向けて

- 2021事務年度、金融庁及び日本銀行は、3メガバンク及び大手3損保グループと連携して、NGFS（The Network for Greening the Financial System）が公表するシナリオ（NGFSシナリオ）を共通シナリオとした気候関連シナリオ分析の試行的取組（パイロットエクササイズ。以下「前回のエクササイズ」）を実施。2022年8月、分析結果、主な論点・課題を公表。
- 次回のシナリオ分析のエクササイズに向けて、【銀行】対象となる銀行と議論を継続、【損害保険会社】損害保険料率算出機構がリスクモデルに気候変動影響の評価機能を追加し、全社が統一的な手法で確率論的な分析（200年に1回の災害影響の分析等）を可能にした（これを活用したエクササイズを予定）。

前回のエクササイズの概要

対象
- 銀行　移行リスクと物理的リスクが信用コストに与える影響
- 保険　物理的リスクが保険金支払額に与える影響

手法
- 金融庁・日本銀行がNGFSシナリオをベースとした基本的な枠組みを設定し、各金融機関が分析作業を実施（ボトムアップ型）

前回のエクササイズの結果と課題

銀行
- 移行リスク・物理的リスクによる年平均の信用コスト増加額は各行の年間の純利益と比べて相応に低い水準。
  ※ ただし、分析手法やデータは発展途上であり、気候関連リスクの影響度について確定的な評価を行えるものではないことに留意。

保険
- 前提条件の統一の限界等によって、結果にバラツキが生じやすい、特定のシナリオを対象とした分析では、将来時点における発生確率の変化（災害発生の頻度）を把握できない、といった課題が明らかになった。

スライド 13

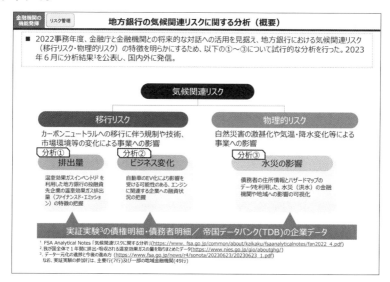

スライド 14

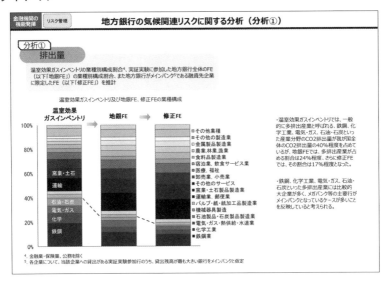

スライド 15

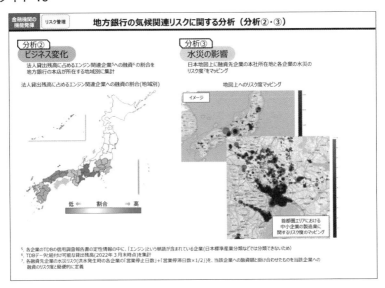

実際に地域金融機関がどういった脱炭素への対応を行っているのかを、全国地方銀行協会がアンケートを取られています（スライド16）。先ほどお示ししたようなシナリオ分析は、全体で62行がこのアンケートに答えていらっしゃいますけれども、51〜54行がこのような分析を行っています。

スライド16

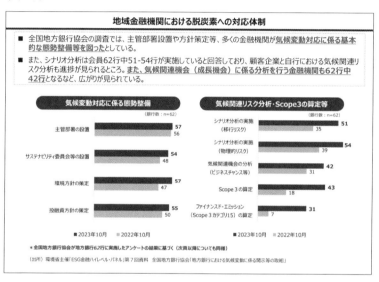

　また、ファイナンスド・エミッションは、先ほども少し触れましたが、取引先の企業がどれだけの排出量になっているのか、その数字を足し合わせて、金融機関として、どれだけの排出につながるファイナンスがあるのかを見ていくものですけれども、こちらに関しても分析をされていらっしゃるのが31行で、前年よりもかなり増えている状況です。

　個々の地域金融機関でも資料の通り、さまざまな取り組みを行われていらっしゃいます（スライド17、スライド18）。

スライド17

地域金融機関における脱炭素への対応事例（1）

■ 地域金融機関において、気候変動対応に係る様々な取組みが見られている。

● **千葉銀行：カーボンニュートラルに向けたロードマップの開示**
- 千葉銀行は、2050年度ネットゼロに向けたロードマップを策定。
- 2019年度から2050年度の線表のなかで、銀行におけるCO₂排出量削減や取引先の脱炭素化支援の具体的な取り組みをマッピング。
- Scope3カテゴリ15について、実績とともに、2050年の脱炭素社会の実現に向けた削減のタイムラインを描いている。

（千葉銀行 2023年3月期統合報告書）

● **滋賀銀行：ハザードマップへの取引先マッピングの開示**
- 滋賀銀行は、物理的リスクのシナリオ分析に関し、分析対象地域とした滋賀県全域・京都府全域それぞれの洪水ハザードマップに、事業性融資先の本社所在地をマッピング。想定被害状況を視覚的に開示。

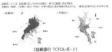

（滋賀銀行 TCFDレポート）

● **琉球銀行：サンゴの白化による物理的リスクの定性評価**
- 琉球銀行は、地球温暖化に伴う海水温上昇によりサンゴの白化現象の発生頻度が増加した場合、それに伴う観光客の減少が懸念され、投融資先のビジネスに影響が及ぶリスクを想定し、定性評価を実施。

（琉球銀行 2023年3月期統合報告書）

（出所）環境省主催「ESG金融ハイレベル・パネル」第7回資料　全国地方銀行協会「地方銀行における気候変動に係る開示等の取組」

スライド18

地域金融機関における脱炭素への対応事例（2）

■ 地域金融機関において、気候変動対応に係る様々な取組みが見られている。

● **七十七銀行：地域別のファイナンスド・エミッションの開示**
- 七十七銀行は、投融資先全体におけるファイナンスド・エミッションについて、「電力」「金属・鉱業」等の15種の業種別に算定・開示。
- 併せて、宮城県内事業者への投融資に係るファイナンスド・エミッションを抽出し、業種別に算定・開示。

（七十七銀行 2023年3月期統合報告書）

● **広島銀行：リスクマネジメントサイクルの開示**
- 広島銀行は、気候変動リスク・機会認識を踏まえた気候変動対応の高度化の取組みについて、主な取組み実績に加え、今後の取組みの方向性を目的・狙い別に開示。

- また、同行は、リスクアペタイト・フレームワークに基づく統合的リスク管理の枠組みの中で気候変動リスクを管理するほか、リスクアペタイト・ステートメントに「気候変動への対応方針」を追加。そのリスクマネジメントサイクルについて、図示したうえで詳細に開示。

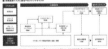

（ひろぎんホールディングス 2023年3月期統合報告書）

（出所）環境省主催「ESG金融ハイレベル・パネル」第7回資料　全国地方銀行協会「地方銀行における気候変動に係る開示等の取組」

次に金融機関と取引先との対話について見ていきたいと思います。対話に関して、金融庁は脱炭素に関しての検討会を23年に開きまして、金融機関に対して、エンゲージメント（対話）を行っていく上でどういった点が重要なのかをまとめた提言（ガイド）を示させていただいています。

その中でも、「地域の脱炭素の促進」とスライド19の右下にありますが、これも非常に重要だと捉えています。先ほど、家森先生もお話しされていらっしゃいましたけれども、単独の金融機関だけで取り組むのは非常に難しいので、地域の関係機関と連携した面的な支援もここで非常に重要になってくるという観点も入れさせていただいています。

スライド19

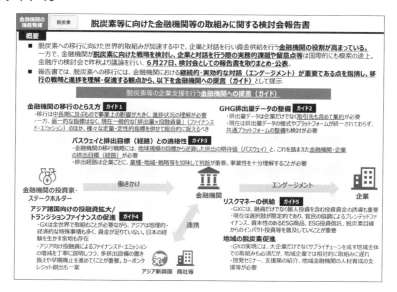

金融機関はさまざまな脱炭素支援の取り組みを行っています（スライド20）。一番多いのはCO_2の排出量の可視化サービスで、中小企業の方々も目にされたことがあるのではないかと思っています。その他、49行が脱炭素の取り組みに関する取引先との対話を行っています。

スライド20

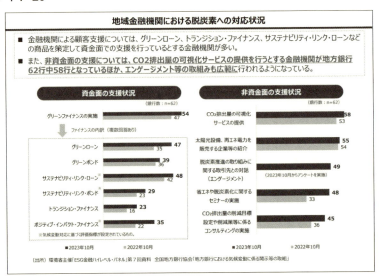

全国規模ではアンケートは取れなかったのですけれども、金融庁として、特に多排出の産業が集積したような複数の地域に絞って、中小企業に対してアンケートを取りました。アンケートでは、「金融機関から脱炭素の支援を受けた」と回答された中小企業は約5％に留まるものでした。しかし、今後そういった支援を受けたいとおっしゃるような中小企業は約31％でした。まだまだ金融機関による支援の存在が知られていないこともありますし、実際支援を受けられた方の満足度も高いという結果も見られたことから、このあたりはまだまだのびしろがあるのではないかと考えています。

また、中小企業の脱炭素に関する考え方も、実は変化してきています。ス

ライド21の左側の棒グラフをご覧いただきたいと思います。今までカーボンニュートラルの影響に対して、どういう対策を行ってきたのかを尋ねています。21年の中小企業の約8割は特に実施・検討していない状況でしたが、23年になるとこの割合は約5割に減ってきています。残りの半数が何かしら実際に実施している、もしくは検討しているような状況に変わってきています。

スライド21

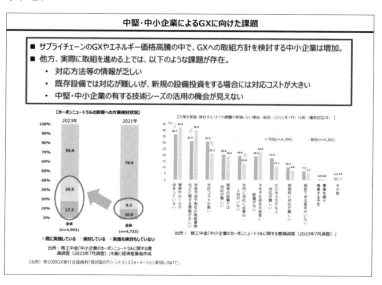

もちろん、先ほどの家森先生のアンケートを私も拝見しましたけれども、規模によってこの傾向も変わってくるだろうとは思いますが、時系列で見ていきますと、企業の関心もだんだん変わってきていることが見て取れます。

地域の産業構造は非常にさまざまでして、特に多排出セクターの大手メーカーがいるような集積された地域もありますし、一方で、1次産業が非常に多いところや、観光が多い地域など、さまざまな特徴があります。ですから、地域の脱炭素を進めていくのにあたっては、「この方法です」という唯一の正解はないと思っています。そのため、地域ごとの特性を見極めて、各関係者と連

携していくことは非常に重要になってきます。

　また、地域の全ての取引先企業に対して一律的に支援をしていくのもリソースに限りがある中では非常に難しいので、特に重要性や緊急性の高い取引先に対して、優先的に支援していくことなどが考えられます。金融庁としては、こうした観点も含め、金融機関の方々と対話をさせていただいています。

　多排出のセクターに関わっていらっしゃるような取引先は特に関係すると思うのですが、最近は、上場企業におけるサステナビリティの開示を1つのきっかけとして、脱炭素や、その他のサステナビリティについて、サプライチェーンにいる中小企業に対しても対応をお願いすることが考えられます。そのような背景も踏まえて取り組んでいくことが重要だと考えています。

　また、今まではこのような気候変動に対する取り組みは、自社に対してのリスクという観点で見られてきた面がありますが、これを競争力として新たな機会にしていくことも非常に重要でして、そのことを右側の「脱炭素の競争力となる新たな事業や企業の創出」と明記させていただいています。

スライド22

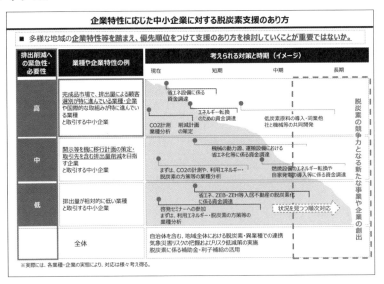

その他、最後に、インパクトのお話も差し上げられたらと思います（スライド23）。サステナブルファイナンスの1つとして、インパクトに着目して投融資を行う手法があります。気候変動に限らず、さまざまな社会課題がありますけれども、投融資対象とする事業の実施が、それに対してどのような効果、インパクトを与えるのかに着目するというものです。

スライド23

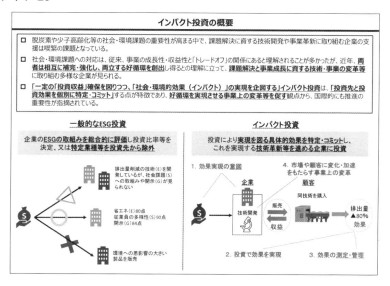

　今、ESG投資もさまざまな観点・手法で取り組まれていらっしゃるので、これが一般的な代表例というのも難しいところではあるのですけれども、環境や社会など、それぞれの項目に対してどれぐらいの点数なのかを見ていくという評価手法が取られているのがESG投資と言われています。
　これに対して、インパクト投資は、投融資をしている先がどれだけの社会・環境的効果を生み出しているのか、に着目します。スライドだと、排出量がどれだけ削減できるようなサービスや製品を開発できているのかというような社会的な効果というものを追求しつつ、同時に収益性も確保しようとする取り組

みということになります。

　足許では、インパクト投資を始めたいという声もある中で、こういう観点でインパクト投資に取り組んでみてはいかがでしょうかという4つの観点を基本的指針として公表しています（スライド24）。

スライド24

　指針については、インパクトという実現する効果を予め明確化しているのかどうかというような1番目の「意図」や、投資を通して具体的な効果を実現できているのかどうか、その実現に向けた対話等といった非資金面の支援も重要なのではないかというような2番目の要素があります。3番目の要素として、効果をどのように測定・管理等しているのかといったことを挙げています。

　また、4番目は非常にユニークだと言われるのですけれども、市場や顧客に変化をもたらすような新しい工夫が必要なのではないかという要素を挙げています。社会課題に対処していく事業は、収益性を担保するのが難しいと思われがちですが、そこに新しい工夫を取り入れていくことが重要だということを、

この4つ目の要素「市場変革等の支援」で述べています。

新しい事業を生み出すこともそうですし、既存の事業に関して新しい工夫を入れていくことで、社会・環境課題の対処に資するような事業活動を増やしていき、地域の持続可能な社会につなげていくことが考えられます。

このような具体的な事例を創出していくこと、それをさまざまな金融機関、事業会社と共有していくことが重要ではないでしょうか。さまざまな事例を共有し合える場として、金融庁では、先般、インパクトコンソーシアムを立ち上げています（スライド25）。

スライド25

（参考）インパクトコンソーシアムについて
□ インパクト実現を図る経済・金融の多様な取組みを支援し、インパクトの創出を図る投融資を有力な手法・市場として確立し、事業を推進していくため、**投資家・金融機関、企業、NPO、自治体等の幅広い関係者が協働・対話を図る場**として、23年11月、官民連携の「**インパクトコンソーシアム**」を設置。 □ インパクト投資等の発信・推進を行う代表的な国際団体とも知見共有・協働を図りながら、24年5月に予定している総会やフォーラム、分科会における議論を通じて、**インパクト創出のマーケットに関わる多様な参加者間のネットワーク形成や事例・ノウハウ共有**を促進していく。

【発起人】
（有識者）
・水口 剛　　高崎経済大学　学長
・渋澤 健　　GSG国内諮問委員会　委員長
（企業）
・十倉 雅和　一般社団法人日本経済団体連合会　会長
・新浪 剛史　公益社団法人経済同友会　代表幹事
・小林 健　　日本商工会議所　会頭
・米良 はるか　一般社団法人インパクトスタートアップ協会　代表理事

（投資家・金融機関）
・加藤 勝彦　一般社団法人全国銀行協会　会長
・清水 博　　一般社団法人生命保険協会　代表理事会長
・森田 敏夫　日本証券業協会　会長
・田島 聡一　一般社団法人日本ベンチャーキャピタル協会　会長
（自治体）
・高島 宗一郎　スタートアップ都市推進協議会　会長

【事務局】
金融庁、経済産業省

【参加者】
インパクト創出に取り組む上場企業・地域企業、取組みを支援する投資家・金融機関、自治体等

インパクトコンソーシアムでは4つ分科会を立ち上げています（スライド26）。その中の3番目で、地域・実践分科会というものがありまして、地域の社会課題や環境課題に対応するような事業を、どのように広げていけばいいのか、また金融の目線から、どのように支援していくことが有用か、様々な参考事例の共有やケーススタディー、フィールドワーク等を実施することを考えて

いますが、これらを含めて関係者の方々と対話をしていくこととしています。

スライド26

```
当面の分科会構成について

① データ・指標分科会
　国内外の先行研究等と連携しながら、事例の共有・分析等を行い、中長期的な課題解決・事業性実現等に有効なインパクト指標の設定のあり方、投資実施時のデータの収集・推計方法、社会課題を示すマクロデータのあり方など、データ・指標の項目と着眼点、収集方法等について、議論を行う。中期的には、国際団体等と連携した投資実践に活用できるデータ等の整備を目指す。また、インパクト加重会計の取組みとの連携等を検討していく。

② 市場調査・形成分科会
　日本のインパクト投資市場の概況を整理し、国際比較や本邦投資家・企業等の特徴も踏まえつつ、裾野拡大を図るべき市場やこのための課題等について議論する。例えば、上場前の又は上場を目指さない企業のインパクト評価、セカンダリー・上場等の出口、多角的な事業を営む上場企業へのインパクト評価、長期投資のあり方等について順次議論を行う。その上で、それぞれの市場に適した・典型的な投資手法や類型等を他のネットワークと連携・橋渡しをしつつ議論・集約・発信していくことを目指す。

③ 地域・実践分科会
　地域において社会・環境課題への対応を通じた事業の展開・革新等に取り組む企業を念頭に、事業性の理解・評価に際しインパクトを考慮する手法、企業特性に合わせた出資・融資・ベンチャーデット等を含むファイナンスのあり方、支援手法等について、事例共有・ケーススタディ等を通じ議論を行う。中期的には、特に地域を念頭に、インパクトを踏まえた事業性の理解と支援の実践的手法等を議論・集約・発信していくことを目指す。

④ 官民連携促進分科会
　社会課題が多様化する中で、国や自治体等の行政組織が民間事業者と連携しその課題解決にあたる必要性が増しているところ、特にインパクトスタートアップと連携した社会課題解決の促進について議論する。具体的には、両者のマッチングの場の提供とマッチング後の連携を深めるための座組の検討、事例創出等を目指す。
```

　地域・実践分科会に関しては、金融機関だけではなくて、実際の中小企業や、ベンチャーの方々や、自治体の方々など、いろいろな方々を交えて話をしていくことによって、より建設的な議論をさせていただけたらと考えています。

　関連する取り組みとしては、中小企業庁においても、このような地域課題に向けた事業をいかに支援していくかという政策を行っています。昨年度に関しては、基本的な方針を出しており、それぞれの地域の担い手が地域課題を解決する事業に対してどのような機能を持っているのかを整理しています（スライド27）。今年は、実証事業を通して幾つかの地域での実践に取り組んでいくことになっています。

　金融庁としても、先ほどご説明しましたインパクトコンソーシアムにおける取り組みなども通じて、中企庁の関連施策としっかり連携しながら、皆さまのお役に立てるような施策につなげていきたいと考えています。

スライド 27

　地域のサステナブルファイナンスに関しては、いろいろな事業会社の方のお話を伺うことは非常に重要だと思っています。全体像はなかなかつかめていないところでもあり、実際このような場で、皆さまのお声を伺えることは非常に大切だと思っています。この後も具体的な事例を伺えると聞いていますので、非常に楽しみにしています。
　本日は以上になります。ありがとうございました。

荒木：
　亀井さま、ありがとうございました。
　第 3 報告は、尼崎信用金庫価値創造事業部の田中直也部長による「尼崎信用金庫の ESG 要素を考慮した事業性評価・支援による地域 ESG 推進モデルの取り組み」です。田中部長、よろしくお願いします。

尼崎信用金庫のESG要素を考慮した事業性評価・支援による地域ESG推進モデルの取り組み

田中 直也
（尼崎信用金庫 価値創造事業部部長 兼 法人ソリューショングループ長）

皆さま、こんにちは。ただ今、ご紹介いただきました尼崎信用金庫の田中です。私から「尼崎信用金庫のESG要素を考慮した事業性評価・支援による地域ESG推進モデルの取り組み」について発表させていただきます（スライド28）。

スライド28

また、私の発表の後に、ESGを考慮した事業性評価の取り組みの事例を2つ、お取引先にもご登壇いただき発表いただくことになっていますので、私からは、

当金庫で活用している ESG 対話シートの説明と、本シートをどのようにお取引先の支援に展開しているのかを中心に発表させていただきます。どうぞよろしくお願いします。

それでは、スライドに沿って説明させていただきます。

スライド 29 は当金庫の概要についてですが、創業は 1921 年で、兵庫県尼崎に本店を構え、阪神間を中心に 40 市 4 町を営業地域としています。

スライド 29

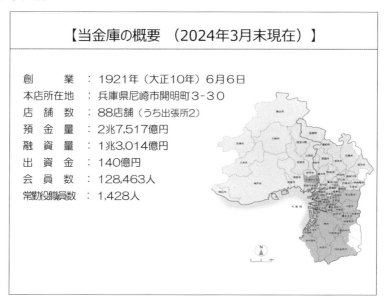

スライド 30 は、神戸大学との共同研究と ESG 地域金融促進事業の 2 年間の活動についてです。神戸大学との共同研究は、ESG 要素を考慮した事業性評価の進化を通じた地域における事業者支援構築をテーマに、2022 年 4 月にスタートしました。当初は、共同研究メンバーの ESG に関する知見も浅く、家森教授をはじめ著名な先生方を講師にお招きし、さまざまな角度で ESG 金融について学ぶ機会を頂きました。

スライド 30

【神戸大学との共同研究・ESG地域金融促進事業の2年間の活動】

> 神戸大学と『ESG要素を考慮した事業性評価のあり方に関する共同研究』を実施。地域金融やサステナビリティ経営における現状、課題などについての研究を実施。
> 環境省ESG地域金融促進事業を2年連続で採択いただき、お取引先とのESGに関連する対話に活用できる事業性評価シートを作成。ESG要素を考慮したお取引先との対話マニュアルを整備し、職員向け勉強会・ワークショップを開催。営業店での対話実践に向けた取組みを進める一方で、地域金融機関として地域の持続的成長に資する取組みの横展開を実施。

（図：2022年4月〜2024年3月のタイムライン。神戸大学共同研究＋ESG地域金融促進事業の活動フロー。ポートフォリオ分析、ESG要素の特定、ESG対話シート作成、営業店への定着手法の検討、営業店への周知施策の実施、兵庫県11信金会への横展開など）

　ESG地域金融促進事業への取り組みは、同じ年の2022年7月にスタートし、2年間連続で採択いただき、ESG事業性評価シートの作成と実装化に向け、共同研究メンバーと知見・情報の共有を図り、シートの改善に取り組むなど、二人三脚でESG事業性評価の体制構築に取り組んでまいりました。また、2023年7月からは、ESG事業性評価シートを中心とした当金庫の取り組みなどを、兵庫県内の信用金庫さまへ横展開を実施しています。

　スライド31は、神戸大学との共同研究に取り組んでいる様子です。ESGに関するさまざまなテーマを基に、熱いディスカッションや質疑応答が毎回繰り広げられました。

　スライド32は、3種類のシートの概要についてです。お取引先のステージに応じてシートの使い分けを実施しています。それでは、各シートについて説明させていただきます。

スライド 31

【神戸大学と尼崎信用金庫による共同研究】

スライド 32

【ESG要素を考慮した3種類の事業性評価シートの概要】

- ■ 「選択式設問シート」は、事業者のESG、SDGsに対する取組や関与の深度を簡便に把握し、事業者と課題意識を共有するためのシートである。アンケート形式であるため、幅広い業種かつ多数の事業者に対して実施することが可能。
- ■ 「ESG要素を考慮したローカルベンチマーク」は、通常のローカルベンチマークを活用した事業者の強みや課題を共有するための対話の際に、主要なESG項目に対する取組状況も併せて把握するためのシートである。
- ■ 「ESG課題評価シート」は、事業者のESG分野に関する取組をより詳細かつ具体的に把握・評価するためのシートである。ESG分野の項目が網羅的に設けられており、ESGの取組伴走支援に活用可能。

ESG要素を考慮した3種類の事業性評価シート（ESG対話シート）概要

	選択式設問シート	ESG要素を考慮した ローカルベンチマーク	ESG課題評価シート
目的	✓ 企業のESGに関する関心度、課題意識、取組状況を簡便に把握する ✓ ESG目線の対話のきっかけづくり	✓ 既存のローカルベンチマークの対話の際に、主要なESG項目の取組状況も併せて簡便に把握する ✓ SDGs・ESGへの取組みの必要性認識	✓ 各企業のESG分野に関する取組を詳細かつ具体的に把握・評価する
記入内容	✓ ESG、SDGsの関心度（4段階） ✓ ESG分野12項目の取組状況 （取組あり/検討中/取組予定なしの3段階）	✓（既存のローカルベンチマーク項目に加え）ESGの主要4項目の取組状況	✓ ESG分野26項目に対する関心度・取組状況・課題
対象企業	✓ 全企業	✓ ローカルベンチマークを活用した対話実施先 ✓ 日々の渉外活動を通じて事業実態を把握したい企業	✓ SDGsサービスパッケージ申込先 ✓ ESGの取組に意欲的な企業

第3章　基調講演録　「ESG地域金融がつくる 中小企業の輝く社会」

スライド33は、選択式設問シートについてです。このシートは、お取引先のESGへの関心度、課題意識、取り組み状況を簡便に把握する目的で作成しました。また、取り組み状況を把握する12項目は、後ほど説明します2つの対話シートとの整合性を確保しています。また、アンケート形式になっているため、幅広い業種かつ多数の事業者に対して対話のきっかけをつくることができます。

スライド33

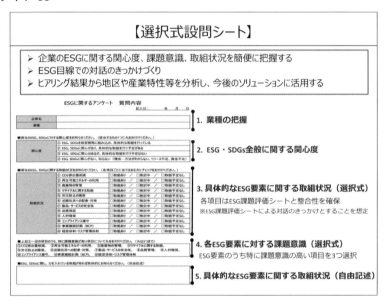

当金庫では、このシートを基に、お取引先749社に一斉にアンケートを実施し、ESGに関する関心度、取り組み状況などを、ESGの各項目ごとや業種ごとに分析し、今後のソリューションの活用に役立てていく予定です。

スライド34は、ESG要素を考慮したローカルベンチマークについてです。もともと当金庫は、事業性評価ツールの1つとして、ローカルベンチマークをお取引先との対話を通じて活用しています。

スライド 34

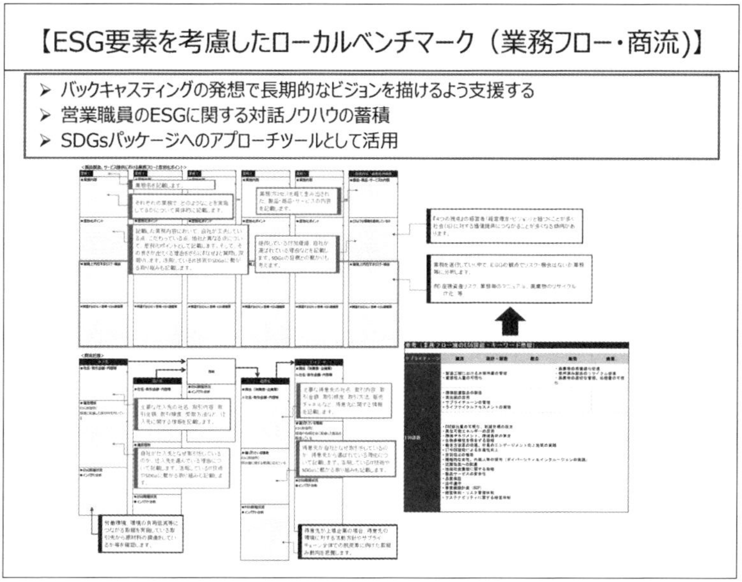

【ESG要素を考慮したローカルベンチマーク（業務フロー・商流）】
- バックキャスティングの発想で長期的なビジョンを描けるよう支援する
- 営業職員のESGに関する対話ノウハウの蓄積
- SDGsパッケージへのアプローチツールとして活用

　スライド 34 の上の図は業務フローについてです。業務ごとに、業務内容、他社との差別化ポイント、業務上内在するリスク・機会、また製品・商品・サービスがどのような価値を提供しているのかをヒアリングします。また、吹き出し口を設け、ヒアリングのポイントを明記したり、業務フロー別のESG課題・キーワードをシートに添付するなど、対話しやすいようになっています。

　続きまして、スライド 34 の下の図は商流についてです。まずは、サプライチェーン上でのお取引先のポジションを確認し、仕入れ先を選んでいる理由や、なぜ取引先から自社が選ばれているのかを、ESGの要素を考慮しながら対話します。仕入れ先の選定理由が他社より単に安いからという理由だけでは通用せず、仕入れ先の労働条件や環境負荷なども考慮して仕入れしていくことが重要となります。また、反対に、取引先から、そういった観点で自社を選定されることも想定され、商流を通じて対話することで、ESGをイメージしやすくなるかと思います。

スライド35は、4つの視点で対話するシートですが、もともとのローカルベンチマークにもESGの要素を盛り込んだ項目が多く、気付かないうちに取り組んでいることも少なくありません。そこで、4つの視点で対話する際に、項目ごとにE・S・Gを表記しています。また、従前のローカルベンチマークになかった、ESGに関する主要な課題項目を新たに追加し、サステナビリティ経営の推進にもつなげるシートとなっています。

スライド35

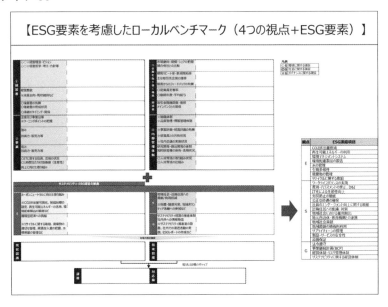

最終的に、業務フロー、商流、4つの視点から、現状の認識と将来の目標を推理し、そのギャップを埋めていくためにESG課題や対応策をお取引先と共有し、課題や対応について伴走支援を行っていくためのツールとなっています。

後ほどご登壇いただく株式会社新征テクニカルさまのご事例は、このESGを考慮したローカルベンチマークを活用した実践事例となっています。

続きまして、スライド36はESG課題評価シートについてですが、このシー

トは、ESG 分野に関する取り組みを詳細かつ具体的に把握・評価するためのシートであり、ESG 分野の項目が網羅され、ESG の伴走支援の活用につながります。

スライド 36

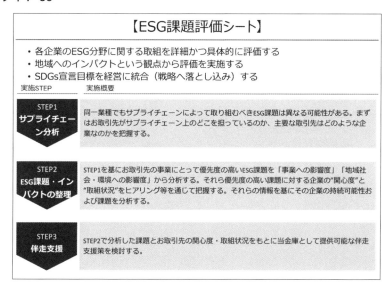

スライド 37 は、STEP1 のサプライチェーン分析ですが、既に ESG ローカルベンチマークなどで確認・把握できていれば必要はありません。

スライド 38 は、STEP2 の ESG 課題の整理を行うシートです。ESG の観点から、課題項目の 26 項目について、関心度、取り組み状況の把握、課題分析を実施していきます。

まず、ESG 課題項目に対する重要度についてですが、業種を入力することで業種に応じた重要度が自動判定されます。評価が強く推奨される項目が二重丸、評価することが望ましい項目が白丸、企業の状況や特性に応じた評価対象とする項目を黒丸と自動判定されるようになっています。また、このスライド

スライド37

スライド38

は一部シートを加工していますが、実際のシートは業種入力欄やESG課題項目ごとに解説を掲載しているため、対応がしやすいようになっています。

次に、①関心度の把握のために設定している目標や重視している内容をヒアリングし、記入します。

次に、②取り組み状況の把握を行います。まず未実施か取り組み中かを選択し、次に具体的な取り組みなどをヒアリングします。

続いて、③として、①、②を踏まえ、課題をお取引先と共有し、シートに記入します。課題を共有することで、シートのSTEP3としてのソリューションの提供、伴走支援につなげてまいります。

後ほどご登壇いただく株式会社ドゥパック阪和さまの事例は、このESG評価シートを活用した実践事例となっています。

続きまして、スライド39です。ESG対話シートは、実装化を図っていく中で、より実践的な活用を目指し、現場の声を基にアップデートを繰り返しています。

スライド39

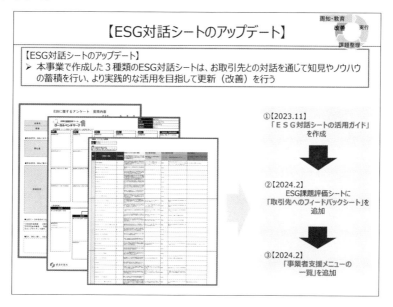

スライド40は、経験が浅い職員でも各シートが活用しやすいように、ESG対話シートの活用ガイドを作成しました。スライドは活用ガイドを一部抜粋したものですが、ESGとは何かという導入部分から、実際の各シートの記入、対話のポイントなどを要約したものとなっています。

スライド40

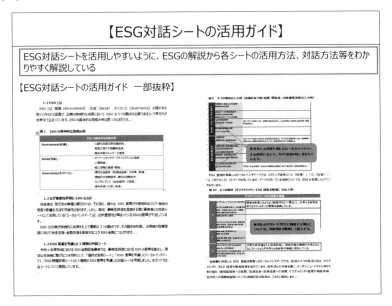

　スライド41はフィードバックシートです。当初は、当金庫のESG事業性評価のツールとして活用を考えていましたが、実装を行っていく中で、お取引先にも何か還元できる資料をお渡しすることで、取り組み状況や次のステップなどをお取引先と共有し、今後の伴走支援に、より一層、役立つのではないか、また還元できる資料があれば、お取引先の職場内でのESGの取り組み意欲の醸成にもつながるのではないかという現場の意見を基に、このフィードバックシートを作成しました。

スライド41

【フィードバックシート】

続きまして、スライド42、スライド43、スライド44、スライド45ですが、評価シートから出てきた課題に対する支援メニューを、ESGの項目ごとに、一目で分かるように一覧表を作成しました。

スライド42

【事業者支援メニューの一覧作成・拡充検討】

> ESGに関する対話で抽出された課題解決に資するソリューションメニュー（外部連携先）を増やすことを検討し、お取引先との伴走力を強化する

	項目	企業の対応策	尼崎信用金庫支援メニュー	公的機関・支援機関支援メニュー
E 環境	CO2排出量削減（①）	・設備の運用改善 ・空調の適温化 ・照明の不要時の消灯	・ビジネスマッチング	・省エネお助け隊・省エネ診断
		・省エネ照明、節水器具の導入 ・省エネ・生産性向上関連設備投資	・ビジネスマッチング ・融資 ・ESGリース	・利子補給事業（環境省、経産省） ・ものづくり補助金 ・省エネ補助金 ・補助金（市区町村） ・CN投資促進税制 ・省エネお助け隊・省エネ診断
		・電気自動車の導入	・融資 ・ESGリース	・CEV補助金（国） ・補助金（市区町村）
		・CO2排出量の可視化	・e-dash（外部連携）	・IT導入補助金
		・CO2排出量削減目標の設定	・e-dash（外部連携）	・SHIFT事業
	再生可能エネルギーの利用（②）	・太陽光発電パネルの導入	・ビジネスマッチング ・太陽光パネル設置事業者・再エネ業者紹介	・自家消費型太陽光発電・蓄電池導入補助金
		・電力会社の再エネメニューへの切替	・ビジネスマッチング	
		・再エネの売電	・融資	
	環境マネジメントシステム	・エコアクション21、ISO14001認証取得	・エコアクション21認証取得支援（外部提携事業者）	・脱炭素化支援機構
	水の管理	・節水設備の導入	・融資	・省エネ補助金
	生物多様性	・生態系保護活動	・連携先の紹介 ・ビジネスマッチング	
	廃棄物の管理（③）	・廃棄物管理体制の整備 （廃棄物量管理、分別処理等） ・ペーパーレス化（電子化） ・環境配慮商材、再生材への切り替え	・プロ人材・副業兼業人材による体制整備・課題解決支援 ・ビジネスマッチング	
	リサイクルに関する取組（④）	・買い取り業者による廃棄物回収	・ビジネスマッチング	

スライド43

【事業者支援メニューの一覧作成・拡充検討】

	項目	企業の対応策	尼崎信用金庫支援メニュー	公的機関・支援機関支援メニュー
S 社会	ワークライフバランスの実現	・柔軟な勤務体制（フレックス、テレワーク等）	・プロ人材・副業兼業人材による体制整備・課題解決支援 ・研修・人事体制構築支援 （外部連携事業者）	・各種助成金 ・働き方改革推進支援センター （個別相談・専門家派遣）
		・有休・育休取得促進		
	差別・ハラスメントの禁止	・社員教育		
	IT化による生産性向上	・システム導入		
	労災防止の徹底（⑤）	・勤怠管理システムによる長時間労働是正	・プロ人材・副業兼業人材による体制整備・課題解決支援 ・システム導入支援 （外部連携事業者）	・IT導入補助金 ・各種助成金
		・安全な作業手順の確立（マニュアル作成等）		
		・定期的な設備点検の実施		
	公正な待遇の確保	・待遇改善	・プロ人材・副業兼業人材による体制整備・課題解決支援	・各種助成金 ・働き方改革推進支援センター （個別相談・専門家派遣）
	社員のエンゲージメント向上に関する取組	・FBの実施	・プロ人材・副業兼業人材による体制整備・課題解決支援 ・あましんサポートプログラム ・研修・人事体制構築支援 （外部連携事業者）	・働き方改革推進支援センター ・各種助成金 ・ポリテクセンター ・中小企業大学校
		・社員教育		
	近隣住民への配慮・対策（⑥）	・粉塵・悪臭対策	・ビジネスマッチング	・各種助成金
		・自社事業の関連イベントへの参加	・ビジネスマッチング	・自治体・公的機関との連携
	地域社会における雇用創出	・地元人材の採用	・有料職業紹介 ・提携人材紹介事業者紹介	・プロ人材戦略拠点

スライド 44

【事業者支援メニューの一覧作成・拡充検討】

	項目	企業の対応策	尼崎信用金庫支援メニュー	公的機関・支援機関支援メニュー
S 社会	地元自治体・教育機関との連携	・教育機関における授業・講座提供	・自治体の紹介 ・教育機関の紹介	・自治体・公的機関との連携
	地域社会貢献	・地域社会貢献活動の実施	・地域貢献活動での連携	・自治体・公的機関との連携
	地域資源の積極的利用	・地域資源の採用	・ビジネスマッチング	
	サプライチェーンの管理	・サプライチェーン監査の実施	・専門家の紹介	
	製品・サービスの安全性(⑦)	・IoT/DX技術の活用	・ビジネスマッチング	・IT導入補助金
		・製品・サービスに関するクレーム対応の手順化	・プロ人材・副業兼業人材による体制整備・課題解決支援	・専門家派遣
		・社員教育	・ビジネスマッチング	・ポリテクセンター
	品質保証(⑧)	・認証取得(ISO等)	・認証取得支援(外部連携事業者) ・プロ人材・副業兼業人材による体制整備・課題解決支援	・ひょうご専門人材相談センター ・ポリテクセンター
	人材確保(⑨)	・人材の採用	・有料職業紹介 ・提携人材紹介事業者紹介	・働き方改革推進支援センター(個別相談・専門家派遣) ・ポリテクセンター
		・待遇改善		
		・柔軟な勤務体制(フレックス、テレワーク等)	・プロ人材・副業兼業人材による体制整備・課題解決支援	・各種助成金 ・働き方改革推進支援センター(個別相談・専門家派遣)
		・有休・育休取得推進		
		・教育体制整備(必要スキルの洗い出し〜研修体系整備)	・人事労務コンサルティング ・研修・人事体制構築支援(外部連携事業者)	・働き方改革推進支援センター(個別相談・専門家派遣) ・ポリテクセンター

スライド 45

【事業者支援メニューの一覧作成・拡充検討】

	項目	企業の対応策	尼崎信用金庫支援メニュー	公的機関・支援機関支援メニュー
G ガバナンス	コンプライアンス遵守(⑩)	・社員教育	・研修・人事体制構築支援(外部連携事業者)	・各種助成金 ・ポリテクセンター
		・内部通報制度の整備	・専門家の紹介	
	事業継続計画(BCP)(⑪)	・BCP策定	・BCP策定支援(外部連携事業者)	・BCP策定支援
		・レジリエンス認証取得	・専門家の紹介	
		・訓練の実施	・専門家の紹介	
	経営体制・リスク管理体制(⑫)	・社内規程、体制の整備(腐敗防止方針、適切な会議体設置等)	・プロ人材・副業兼業人材による体制整備・課題解決の紹介 ・社会保険労務士の紹介	
		・環境マネジメントシステム導入	・エコアクション21他認証取得支援(外部提携事業者)	
		・国内・海外の法制度情報収集		
	サステナビリティに関する経営体制	・サステナビリティ委員会の設置	・プロ人材・副業兼業人材による体制整備・課題解決支援	

シートの活用を今後どのように実践、定着していくかについて発表させていただきます。こちらはスライド 46 になります。

スライド 46

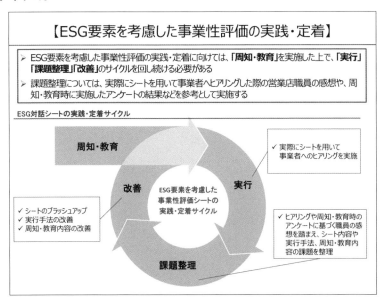

　実践定着に向け、周知・教育を実践した上で、実効、課題整理、改善のサイクルを継続的に回し続けることが必要であると感じています。
　スライド 47 は実践定着に向けた、本部によるフォローのイメージ図です。営業店が対話を実践した内容について、本部が適時フォローを行っていくことが必要と考えています。

　スライド 48 は、営業店職員への周知・教育について実際に取り組んでいく内容です。役職に応じた勉強会の実施、座学プラス実践で実際にシートの作成と作成後のフォローアップを行う ESG ワークショップ、また ESG サポート会議などを行っています。

スライド 47

【ESG対話シートの実践・定着　本部によるフォロー】

- 「現場職員への周知・教育」や、事業性評価シートの「課題整理」「改善」は、本部主導で営業店と密に連携して実施する
- ESG要素を考慮した事業性評価の「実践」において、本部より事業性評価シートのフィードバックや参考情報共有等のフォローを実施する
- 営業店職員が作成したシートは、原則として本部に共有され、本部より記入内容に対するフィードバックを実施する。初期段階は、本部メンバーが対話に同行するなどのサポートを行う
- 本部に蓄積された好事例などを営業店職員に共有することで、営業店職員がシート記入や伴走支援する際の参考情報として活用する

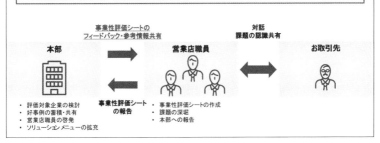

スライド 48

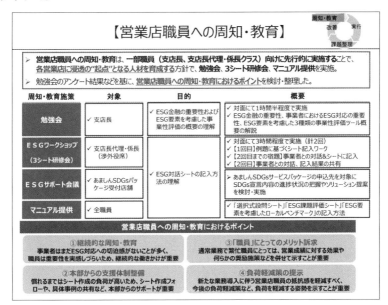

スライド49は、支店長を対象とした勉強会の様子です。環境省さまなど外部から講師をお招きし、ESG金融の重要性や取り組み事例などをご講義いただき、その後、当金庫職員から3種類のESG対話シートの活用方法を中心に実施しました。

スライド49

【支店長向けESG事業性評価・支援にかかる勉強会】

神戸大学との共同研究並びに環境省ESG地域金融促進事業への取組みを通じ、当金庫のESG事業性評価の仕組みを構築し、営業店におけるESG支援を促進するために、支店長向けESG事業性評価・支援にかかる勉強会を開催
➢ 環境省及び野村総合研究所を講師にお招きし、野村総合研究所よりESG対応の重要性と取組事例について、環境省よりESG金融の意義・重要性について講義いただく
➢ 当金庫からはESG要素を考慮した事業性評価を実施するメリットやESG対話シートの活用方法について説明を実施

スライド50は、渉外役席を中心としたESGワークショップの様子です。ワークショップは2カ月間にわたり、1回目は座学、ESGの概要やESG対話シートの活用方法を中心に、2回目のワークショップでは、各自が作成してきた3種類のESG対話シートの発表や意見交換を実施しました。

スライド51は、ESGサポート会議の様子です。あましんSDGsサービスパッケージをお取引先に提供している店舗を対象に、SDGs宣言書の進捗状況や目標に向けた取り組み状況を把握するために、ESG対話シートの有効な活用方法などを具体的にサポートしていく目的で実施しています。

スライド 50

【職員向けESGワークショップ】

- ESGワークショップの参加者は、担当しているお取引先の中から1社選定し、ESG対話シートの作成を行う
- 「ESG要素を考慮したローカルベンチマーク」、「ESG課題評価シート」2種類を作成
- 2回目のワークショップにおいて、作成したESG対話シートの発表や意見交換を実施
- 革新的な事例や、ESG対話シートを活用して新たな価値創造を提供できた事例等は、成果事例として全営業店にフィードバックを検討

スライド 51

【ESGサポート会議】

【ESGサポート会議とは】
あましんSDGsサービスパッケージの申込先を対象に、SDGs宣言内容の進捗状況の把握や、SDGsに関するソリューション施策の検討を実施する
（参加メンバー）
　営業店の上級管理職と取引先担当者、神戸大学共同研究メンバー、本部関連部署等
【ESGサポート会議の目的】
- SDGs宣言先に対してお取引先と課題共有し、課題解決に向けて伴走支援すること
- 営業店職員に対してESGの着眼点を持ってもらうこと
- ESG対話シートの活用方法について周知し、当金庫内で浸透を図ること

スライド 52 は、次のサイクルである実行、課題整理についてです。シートを活用して実際に対話を実践している中で、例えば、対話の事前準備やヒアリングのポイントなど、営業店が対話を行う上での課題を分析し、改善を行ってまいりました。今後、実践をより多く重ねていく中で、さらに改善を進めていく予定です。

スライド 52

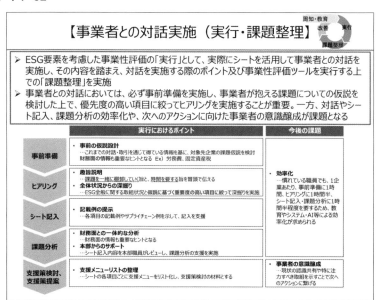

スライド 53 は、当金庫の ESG 要素を考慮した事業性評価の横展開についてです。昨年度は、兵庫県下の 10 信用金庫さまと計 3 回の ESG 情報交換会を行い、当金庫の取り組みやシートの活用方法について情報共有をさせていただきました。今後も当金庫は横展開を拡大させていきたいと考えています。今回の発表をお聞きいただいて、当金庫の取り組みや ESG 対話シートに興味をお持ちいただけた金融機関さまや支援機関さまがいらっしゃれば非常に光栄なことですし、横展開を進めていくことで、地域の持続的成長につなげていきたいと

考えています。

スライド53

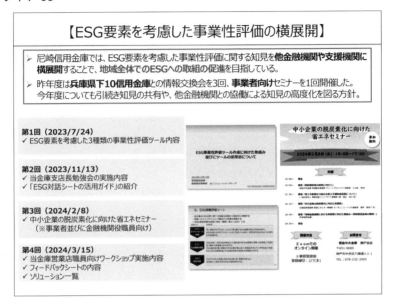

　最後になりますが、尼崎信用金庫は、事業性評価にESG要素を取り入れ、お取引先に対する支援を高度化していくことで、地域における持続可能な社会、経済づくりの担い手として、今後も挑戦し続けてまいります。

　以上で発表を終了させていただきます。ご清聴ありがとうございました。

スライド 54

ご清聴ありがとうございました

尼崎信用金庫
THE AMAGASAKI SHINKIN BANK

荒木：

田中部長、ありがとうございました。

第4章

シンポジウム
「ESG 地域金融がつくる中小企業の輝く社会」

評価シートを活用した実践事例報告

荒木：

　続きまして、ただ今、田中部長からご紹介いただいた評価シートを実際に活用された実践事例について、尼崎信用金庫の担当者と事業者の方からご報告をいただきます。

　まず、株式会社新征テクニカル代表取締役社長の與那嶺まり子さまと、本吉剛尼崎信用金庫潮江・尾浜グループ統括支店長兼潮江支店長のお2人です。どうぞよろしくお願いします。

ESG 要素を考慮したローカルベンチマークを活用した実践事例

　　與那嶺 まり子（株式会社新征テクニカル 代表取締役社長）
　　本吉 剛（尼崎信用金庫 潮江・尾浜グループ統括支店長 兼 潮江支店長）

與那嶺：

　皆さん、こんにちは。ただ今、ご紹介いただきました、株式会社新征テクニカル代表取締役與那嶺と申します。どうぞよろしくお願いします。

本吉：

　尼崎信用金庫潮江支店長の本吉です。どうぞよろしくお願いします。

　それでは、株式会社新征テクニカルさまの評価シートを活用したESGの取り組み、実践事例について発表させていただきます（スライド1）。本事例では、ESG要素を考慮したローカルベンチマークを活用した気付きと支援内容等を中心に発表させていただきます。よろしくお願いします。

スライド1

與那嶺：

　まずは、当社の事業概要について説明させていただきます（スライド2）。当社は、尼崎市西長洲町に本社工場を設けています。創業は昭和40年で、創業者は私の父になります。平成4年に法人成りをし、株式会社新征テクニカルを設立しました。平成7年、皆さんの記憶にもあるかと思いますが、阪神・淡路大震災の年に、創業者であります父が急逝し、2代目として母が社長を引き継ぎました。その後、平成27年に私が代表取締役に就任し現在に至ります。

スライド2

事例発表資料

【企業概要】

社名	株式会社　新征テクニカル
所在地	尼崎市西長洲町2丁目2番48号
創業	昭和40年3月1日
設立	平成4年4月1日
代表取締役	與那嶺　まり子
資本金	1,000万円
従業員数	15名
事業内容	各種産業機械部品製作及び製缶、機械加工一式 主に自動車関連のライン工場設備の部品加工
主要取引先	㈱ダイフク（東証プライム市場上場）

　当社の事業内容は、各種産業機械部品製作および製缶、機械加工一式となっています。主に自動車関連のライン工場設備の部品を手がけています。

　それでは、当社の経営理念についてですが、私たちができることとして、新しい技術に挑戦していく企業でありたいと考えています（スライド3）。また、難しいとされる仕事であっても断らないようにすることを、全社員が意識するように徹底しています。当社の社名には、常に新しいことに挑戦する企業でありたいという気持ちを込めて「新——新しい」の文字を使っています。

　続いて、当社の特徴であるスマート・タイム・マネジメント・システムについて少しご説明させていただきます（スライド4）。新征テクニカルの独自システムでありますスマート・タイム・マネジメント・システム、通称STSは、ロボットや機械に最高水準の技術をインプットすることで、作業者の自動化を行い、夜中を含めた長時間稼働で最高品質の部品を量産、若手作業者には、ロボット・機械の操作方法を学ぶことでマシーンオペレーターとして即戦力になると同時に、空いた時間を有効活用し、ベテランの技術を学び、スキルアップを重ねています。これが、技術を高めながら作業者の残業時間も減らす、新征テクニカル独自の働き方改革、STSの仕組みです。

スライド3

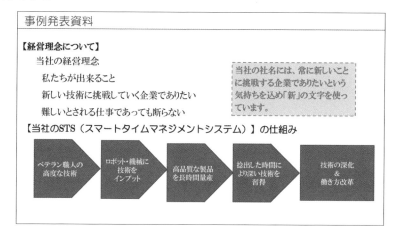

スライド4

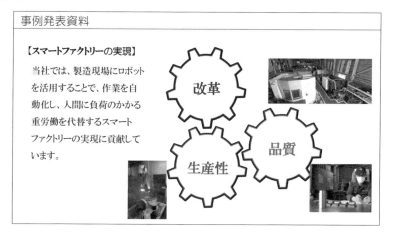

　そのSTSを実現するための核となっているのがスマートファクトリーの実現です。製造現場にロボットを活用することで、作業を自動化し、人間に負担のかかる重労働を代替え、生産性改革、品質の向上を推し進めています。そのためにも設備は最新の機械を導入しています。最新設備の導入により、生産性

向上だけでなく、副次的に省エネ化にもつながっています。

本吉：
　続きまして、私のほうから、新征テクニカルさんのESG要素を考慮したローカルベンチマークについてご説明させていただきます。
　まず、ESGロカベンの商流については、スライド5のとおりとなっています。この商流につきましては、外注先、仕入れ先、販売先の選定理由に加えまして、ESG要素を加味して、新征テクニカルさんが所属している業界の外部環境について聞き取りを行ったものです。

スライド5

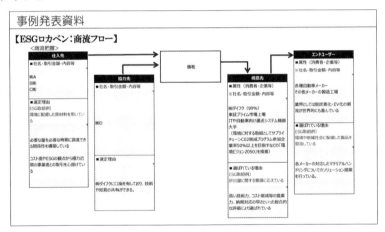

　エンドユーザーに当たる各自動車メーカーは、業界としては脱炭素化、EV化の潮流が世界的にも進んでいる業界です。また、主要取引先である株式会社ダイフクさんにおかれましても、プライム上場企業でありますから、気候関連財務情報開示、いわゆるTCFDの報告義務に加えまして、独自に環境ビジョン2050という脱炭素に向けた取り組みを行っていることから、新征テクニカルさんはESGに取り組む意義のある会社と感じました。

スライド6

次に、ロカベンの業務フローについては、スライド6のとおりとなります。ここで取り上げたいのが、差別化のポイントと業務上内在するリスク・機会についてです。各工程における新征テクニカルさんの強みとESG経営を推進するための機会と、リスクについて、対話を通じて明らかにしてまいりました。

結論から申し上げますと、先ほどご説明がありましたSTSが新征テクニカルさんの強みの源泉であることが分かったのです（スライド7）。特に、溶接・機械加工において自動化により生産性を向上させる取り組みは、従業員のワーク・ライフ・バランスにつながり、空いた時間に外部研修やOJTを実践することで従業員のスキルを強化するといった好循環につながっています。また、最新の設備の導入による省エネ化や、寸法取りを綿密に行い、原材料の無駄を排除するなどの取り組みは環境負荷軽減につながっていることも明らかになったものです。

スライド7

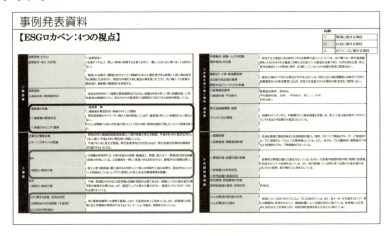

スライド8

　一方で、今後のリスクとして考えられる業界の脱炭素化に向けた動向に対しては、強みとなっている取り組みが明確ではなく、今後の課題であると認識しました。
　スライド8は、先ほどの商流・業務フローを基に作成した4つの視点になります。ここでは、経営者さまとその事業について取り上げていきます（スライド9）。

今回の対話の中で、與那嶺社長さまからは、自社の持つ技術を後世に残したいというお言葉がありました。新征テクニカルさんは技術力を評価されて、株式会社ダイフクさんと取引をされていらっしゃいますが、協力会社や仕入れ先につきましては、地元を盛り上げたいという思いから、尼崎市内の事業者と積極的につながっていらっしゃいます。自社の存続だけではなく、地域のサプライチェーンと地域の持続的成長を維持していくという観点から、地元企業との共創を目指していらっしゃいます。

スライド9

事例発表資料		
【ESGロカベン：4つの視点】		
経営者	○後継者の有無 ○☆後継者の育成状況 ○☆承継のタイミング・関係	○後継者：無 ○後継者の育成状況・承継のタイミング関係 　現在従業員の中でリーダー格の人物を育成しているが、後継者と目している確固たる人物はいない。 ビジョンは明確ではないが社長の思いとして「自社の持つ技術を後世に残したい」という言葉があった。
事業	強み ◇技術力・販売力等	・仕様書を受領すれば、材料手配から溶接・機械加工、検査、納入まで一貫製造可能な設備と技術力を有している。上記過程を一貫して実施できる会社は少なく、顧客からの信頼は厚い。 ・加工に使う潤滑油に最上級のものを使うことで臭いの抑制や工具の長寿化、廃材が出にくいといった取組をしている。レイアウト変更により安心安全な職場環境を整備。
	○ITに関する投資、活用の状況 ○1時間当たり付加価値（生産性）向上に向けた取り組み	常に最新設備等への更新に留意しており、生産性の向上に努めている。また、従業員には溶接と加工等複数の業務が行なえるようローテーションを組み、業務を行なっている。

　一方で、長期的な課題として、技術を残したいという思いを実現するためには、目の前の課題だけではなく、将来を見据えた取り組みをしていく必要があるという課題を共有しました。技術を残すための形を検討していく中で、材料手配から納品まで一貫製造できる体制、最高級の潤滑油を活用することにより工具の摩耗を防ぎ、廃材を抑制するといった環境に対する取り組み、生産性向上や従業員育成を通じたワーク・ライフ・バランスの取り組み、これらは今後も維持継続していく必要があるという結論に至りました。
　スライド10は、当金庫が作成したESGロカベンのポイントの1つのサステナビリティ・ESG経営の推進の部分になります。

スライド 10

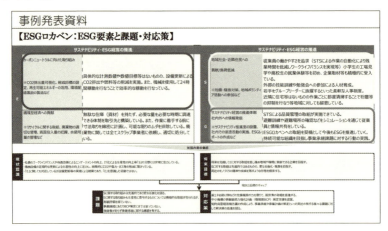

　Eの部分につきましては（スライド11）、最新設備の更新により、副次的ではありますが、CO_2削減につながっていること、また、作業を計画的に行うことにより、原材料の無駄を排除することがESG経営につながっていると言えるものです。

スライド 11

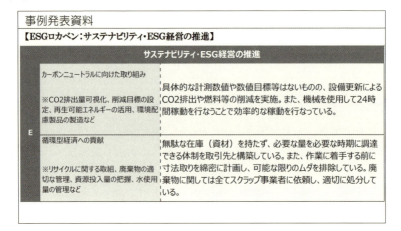

スライド 12

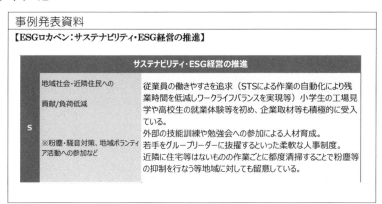

　続いて、Sにつきましては（スライド 12）、前述しましたSTSによりまして従業員のワーク・ライフ・バランスをはじめとした職場環境の整備が整っていること、地域の学生に対して工場見学や就業体験を受け入れていること、外部研修をはじめとした人材研修や、若手人材もグループリーダーに抜てきする等、柔軟な人事制度などにより推進されていらっしゃいます。

スライド 13

事例発表資料	
【ESGロカベン：サステナビリティ・ESG経営の推進】	

	サステナビリティ・ESG経営の推進	
G	サステナビリティ経営の推進体制 社内外への情報発信 ※サステナビリティ推進室の設置、社内での浸透活動の実施、ESGレポートの作成など	STSによる品質管理の取組が実施できている。 避難訓練や避難場所の確認などをシミュレーションを通じて従業員と情報共有をしている。 ESGロカベンへの取組を契機として今後もESGを推進していく。 持続可能な組織を目指し事業承継課題に対する行動の実践。

　続いて、Gにつきましては（スライド 13）、こちらは事業承継という大きな課題はありますが、品質管理を行う仕組みができていること、防災に対する訓

練を継続的に実施し、災害時の対応に備えるといった取り組みが行われていること、これらが明確化したものです。

これまでのESGロカベンの話をまとめたものが、スライド14の図になります。上側からの吹き出しが機会になります。下側からの吹き出しがリスク要因となっています。人事・労務に関して、新征テクニカルさんの強みが際立つのに対しまして、主要取引先でありますダイフクさんが公表していますように、脱炭素化やリサイクルといった外部環境の変化が今後リスク要因となってくると言えるのではないでしょうか。また、後継者が定まっておらず、與那嶺社長さまの、技術を残したいという強い思いを実現するためにも、解決すべき課題があるものと思われます。

スライド14

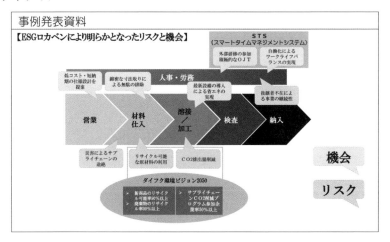

それでは、次に、ESGロカベン活用による、当金庫の気付きについてお話しさせていただきます（スライド15）。

新征テクニカルさんは、S、いわゆる働きやすさ、人材育成への取り組みに注力されて、5S活動をはじめとした職場環境の整備、外部研修の参加、地域貢献活動にもつながっています。一例として、例えば、従業員からレイアウト

スライド 15

```
事例発表資料
【ESGロカベン活用による気付き：尼崎信用金庫】
➢ S（働きやすさ・人材育成等）に注力されている
  ⇒5S活動をはじめとした職場環境の整備、外部研修の参加、地域貢献活動
➢ 脱炭素をはじめとした環境面（E）に対する対応が課題
  ⇒主要取引先からの環境対応に関する要請はないものの、アンケート等は
   行われており、優れた取組に対する表彰制度も用意されている
   （取引先大手企業の環境ビジョン2050の推進等）
➢ 社長の想いとして「自社の持つ技術を後世に残したい」というお言葉があり、同社の存在
  が地域に与える影響の大きさを考慮し、事業の継続性に対する支援が必要と感じた
➢ ESGロカベンを活用することで将来ビジョンを共有するなど中長期的な目線によるバック
  キャスティングの発想でお取引先との対話を実践することが出来た
```

の変更の要望があった場合、相応のコストがかかっても現場からの意見を尊重されて、徹底した議論を重ねた上で、生産性向上に寄与すると判断された場合、積極的に導入に取り組んでいらっしゃいます。提案した従業員が、いわゆる腹落ちをして働ける職場環境を整備されている1つのエピソードとしてご紹介をさせていただきました。

続きまして、2つ目、E、環境に対する対応につきましては課題が見受けられました。主要取引先であるダイフクさんから、環境に対する直接的な要請は現状ありませんが、環境への取り組みアンケートは既に実施されています。優れた取り組みへの表彰制度も用意されていらっしゃいます。ダイフクさんが進める環境ビジョン2050の推進の中で、サプライチェーンにおけるCO_2削減プログラムの参加企業率を50％以上にすると掲げられていることからも、当金庫としましても、新征テクニカルさんがEに対する取り組みを進めていく際の伴走支援を考えています。

今回のヒアリングの中で、與那嶺社長さまの思いとして、自社の持つ技術を後世に残したいというお言葉があります。同社の存在が地域に与える影響の大きさを考慮しまして、事業の継続性に対する支援が必要と感じています。

このようなことを踏まえまして、今回、ESG ロカベンを活用することで将来ビジョンを共有するなど中長期的な目線による、いわゆるバックキャスティングの発想でお取引先との対話を実現することができたと感じました。

與那嶺：

続きまして、ESG ロカベン活用による当社の気付きについてお話をさせていただきます（スライド 16）。

スライド 16

```
事例発表資料
【ESGロカベン活用による気付き：株式会社新征テクニカル】
➢ 生産性向上には取組んでいるものの、環境に関する対応は課題であると感じていた
  ⇒CO2削減を進めることは世の中に良いことであるが、具体的に進める動機付けが
  無く、また、何から手をつけたらいいか分からず後回しになっていた
➢ 経営方針として一番に考えていることは、生産性向上や従業員への負担軽減の為の最
  新設備の導入であり、CO2排出量削減といった環境に対する取組への意識は薄かった
➢ 自社の技術を後世に残したいという思いを支援者（あましん）に伝えたところ、地域経済
  エコシステムの一員としてサプライチェーンや環境への問題を考えた場合、思いを実現
  するためには後継者を交えて対応していかないといけない課題であると認識した
➢ 本シートを活用することで、自社の将来像を描くことができ、ESGの取組と自社の経営理
  念を重ね合わせることで腹落ちし、今後のESG取組を進める上での指針となった
```

生産性向上には取り組んでいるものの、環境に関する対応が課題であると感じていました。CO2 削減を進めることは良いことであるというのは、頭では理解できていても、経済的な負担も含め、具体的に進める動機づけがなく、また、本当に何から手をつけたらいいのかというのがありました。それが分からず後回しになっているのも現実であります。

経営方針として一番に考えていることは、生産性向上や従業員への負担軽減のための最新設備の導入であり、CO2 削減といった環境に対する取り組みへの意識は、私自身、薄かったように感じています。

自社の技術を後世に残したいという思いを、支援者であるあましんさんにお伝えしたところ、思いを実現するためには、後継者を交えてサプライチェーンや環境への問題についても対応していかなければならない課題であると認識しました。

　最後に、本シートを活用することで、自社の将来像を描くことができ、ESGの取り組みと自社の経営理念を重ねることで、今後のESGに対する取り組みを進める上で、1つの指針となったと非常に感じています。

本吉：

　それでは、今回のESGのロカベンシートを活用して気付いたさまざまな課題に対して提案しましたソリューションについてご報告させていただきます（スライド17）。

スライド17

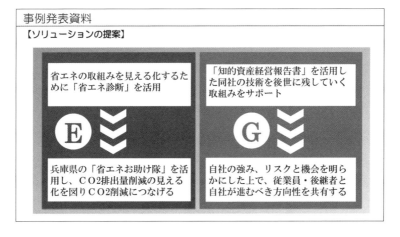

　新征テクニカルさんのEに対する取り組みを見える化、客観評価を得るために、経済産業省の補助事業であります「省エネお助け隊」の活用を提案しました。「省エネお助け隊」を活用することで、CO_2の排出量削減を見える化し、それによりCO_2の削減につなげていきたいと考えています。

次に、Gに対しましては、與那嶺社長さまの思いであります、自社の持つ技術を後世に残したいというお言葉を実現するために、まずは知的資産経営報告書の作成を提案しました。自社の強み、リスクと機会を明らかにした上で、従業員や後継者さまと自社が進むべき方向性を共有する方法として、今後検討していきたいと考えています。

　最後に、地域の持続的成長を促進する、地域エコシステムの構築についてです。新征テクニカルさんがESGの取り組みに際しまして、ESGロカベンを活用し、自社の利益だけではなく、地域、サプライチェーン全体における自社のポジションをご認識いただいたことが、お互いの納得感につながったのではないかと感じています。

　それらを映したものが、スライド18となります。詳細につきましては、後ほどご清覧のほどをよろしくお願いします。

スライド18

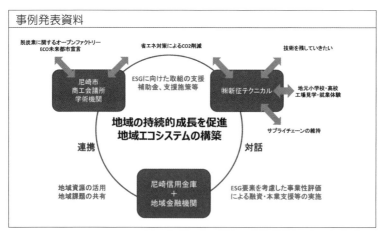

　以上をもちまして、株式会社新征テクニカルさまの、評価シートを活用したESGの取り組み、実践事例の発表を終わらせていただきます。ご清聴ありがとうございました。

與那嶺:

ありがとうございました。

荒木:

與那嶺さま、本吉さま、ありがとうございました。

2つ目の実践事例報告は、株式会社ドゥパック阪和執行役員の堂野起佐さまと、樋口哲也尼崎信用金庫平野支店長のお2人です。どうぞよろしくお願いします。

ESG 課題評価シートを活用した実践事例

堂野 起佐（株式会社ドゥパック阪和 執行役員）
樋口 哲也（尼崎信用金庫 平野支店長）

堂野:

皆さま、こんにちは。株式会社ドゥパック阪和の堂野と申します。どうぞよろしくお願いします。

樋口:

尼崎信用金庫平野支店の樋口と申します。それでは、株式会社ドゥパック阪和さまのESGの取り組みについて発表させていただきます（スライド19）。本事例では、ESG課題評価シートを活用した気付きと支援内容等を中心に発表させていただきます、どうぞよろしくお願いします。

堂野:

弊社は、大阪市平野区にありまして、創業30年以上、食品包装資材の製造販売を営んでまいりました（スライド20）。スーパーなどで販売されている5キロ、10キロといったお米の袋から始まりました。弊社の特徴は、高級感や

ぬくもりを感じる紙を使ったパッケージの製造です。紙に窓を開けることができるのが特徴で、中身が見える食の安全性を消費者の皆さまに届けることができ、デザイン性の向上にもつながっています。

スライド19

スライド20

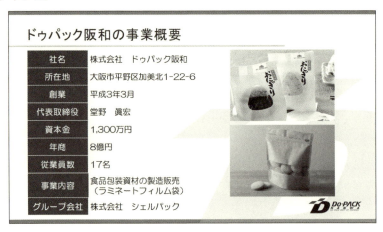

創業以来、思いやりの気持ちを大切にしています（スライド21）。それはお客さまだけではなく、協力会社さま、社員とその家族、社会といった三方よしを超える全ての方が幸せになれるようにという思いを持っています。

スライド21

近年では、ものづくりを行う上で地球環境にも配慮しています。その1つとして、FSC認証という、地球環境にも、人にも、経済にも配慮された、適切な管理をされた森の資源を消費者まで責任を持ってつなぐサプライチェーンの仕組みに取り組んでいます。大手企業のお菓子のパッケージやハンバーガーの包み紙では、よく使用されています。

弊社は小規模な会社ではありますが、認証を取得し、環境を考えたものづくりに取り組んでいます。袋が役に立つものでありたいという思いから、食品包装資材で培った知見を生かして、衣類圧縮袋を開発しました。袋の使いやすさにこだわり、ジェンダーレスからバリアフリーのデザインへ、さらに進化しています。もともとは食品用としては、印刷のずれなどで規格外で廃棄せざるを得ない袋を、違う形で再生したいという思いで開発した商品です。使用している素材は環境に配慮したFSC認証紙となっています（スライド22）。実用新

案権を取得し、弊社独自のものづくりで社会の役に立つ袋作りを行っています。

スライド 22

取扱商品「衣類圧縮袋」

米袋の知見を生かした使いやすい圧縮袋

使いやすさにこだわった製品力
袋づくりの技術を集結し丸めやすく、丈夫で長持ちする製品化を実現。

特許を取得した逆止弁
特殊構造の逆止弁で、手で丸めるだけで簡単に空気を抜くことができます。

こだわりの加工技術
エンボスの凹凸によりスムーズに衣類の出し入れが可能。(実用新案(3198816号)を取得済)

スライド 23

取扱商品「シェルパックSunny」

「やさしさ」をプラスした 新しいサニタリーバッグ

年齢・性別・国籍問わずすべての人が使える
性別や年齢による使いづらさがない、すべての人に使いやすくなるように設計。

袋づくりのノウハウを活かした
すべての人に使いやすい構造
中身を安全に確認するための窓加工、開けやすく閉めやすいチャック、お客さまのニーズに応えやすい一貫製造体制など。
袋づくりのプロだからできる使いやすいサニタリーバッグ。

スライド 23 は、年齢・性別・国籍を問わないジェンダーレスなサニタリーバッグとして、従来の女性だけのイメージから変えています。袋のデザインにこだわり、袋の使いやすさにこだわり、ジェンダーレスからバリアフリーのデザイ

ンへ、さらに進化しています。もともとは食品用としては、印刷のずれなどで規格外で廃棄せざるを得ない袋を、違う形で再生したいという思いで開発した商品です。使用している素材は環境に配慮したFSC認証紙となっています。

樋口：

　ここからは、ドゥパック阪和さまと対話を行って、当金庫が気付きを得た内容について、E・S・Gそれぞれの視点から説明させていただきます。実際の評価シートを抜粋して、スライドの右上に表示しています。

　まずは環境面です（スライド24）。先ほどご説明がありましたとおり、FSC認証取得、環境配慮型製品の製造、繰り返し使える圧縮袋や規格外品を活用した商品開発などに取り組んでおられます。ドゥパック阪和さまの製品を購入することで環境負荷を抑制することができます。

スライド24

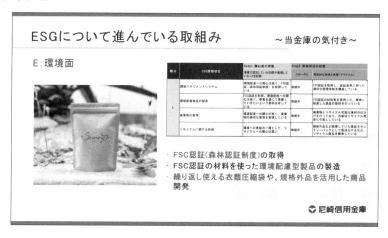

　次に社会面です（スライド25）。社員の皆さまの働きやすさに配慮した取り組みとして、誰かが休暇を取られても業務が円滑に回るよう多能化の取り組みをなさっています。定期的な安全衛生教育や作業手順の整備など、安全に働け

る配慮をされています。人事評価制度を設け、社員の皆さまに業務の満足度についてアンケートを実施されるなど、目標意識とやりがいを持って働いていただけるように配慮されています。近隣の皆さまをパートで積極的に雇って、地域の雇用にも貢献されています。地域とのつながりを大事にしたいというドゥパック阪和さまの想いをお聞きして、当金庫より近隣の企業や自治会の皆さまとの連携によるオープンファクトリーを提案し、昨年開催しました。写真はそのオープンファクトリーの風景です。

スライド25

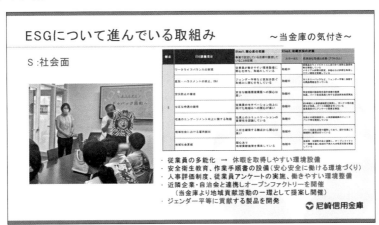

次に、ガバナンス面です（スライド26）。ドゥパック阪和さまは、近隣の企業さまと相互で連携しながらサプライチェーンを構築されています。ものづくりの命と言える品質管理については、品質保証課の設置、責任者の任命などの管理体制も揃えています。FSC認証の基準にのっとり、トレーサビリティーを担保できる管理体制を整えられているほか、社員の意見を取り入れて話し合いを行い、より良い組織体制の構築に向けて取り組んでいます。

スライド 26

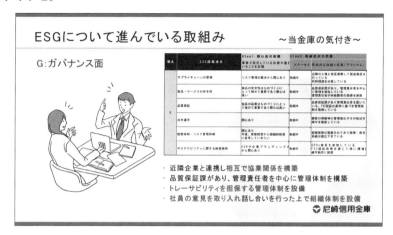

続きまして、評価シートを通じて明らかになった ESG それぞれの項目ごとの課題と考えられる点についてご説明させていただきます。

まずは環境面です（スライド 27）。多くの環境に配慮した取り組みをなさっておられますが、CO2 排出量削減について、現時点でサプライチェーンから

スライド 27

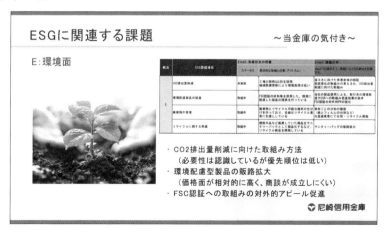

の要請は受けておらず、必要性を認識はしているものの、優先順位は低く、取り組みは遅れていました。また、環境配慮型製品は価格面が相対的に高くなってしまうことから、商談が成立しにくいのが現状で、販路拡大が課題となっています。

次に、社会面です（スライド 28）。多能化を進め、休暇を取りやすい環境づくりをご紹介しましたが、唯一営業社員の皆さまについては、人材が限られていて、他の方では代わりを務めることが難しいということが分かりました。今後、事業規模を着実に大きくしていきたいというビジョンを実現させる上でも、中長期的に営業人材の増員が課題となります。

スライド 28

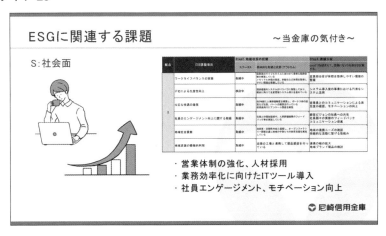

また、業務ごとにソフトウェアがばらばらで非効率となっていることから、システムを統合することで業務効率化を実現するため、IT ツール導入に向けて、現在準備を進めておられることが分かりました。

社員の皆さまがより生き生きとやりがいを持って働いていただけるよう、エンゲージメント向上に向けてさらなる取り組みを進めていく必要性を認識しました。

次に、ガバナンス面です（スライド29）。緊急時におけるサプライチェーンの維持に向けた取り組みや、経営上重要なデータのバックアップの仕組みなど、不測の事態が発生した際の備えは意識されていますが、現状は、「事業継続計画（BCP）」策定による明文化までは実施されておらず、さまざまな事態を想定した体制を構築し、レジリエンスを高めていくことが課題となります。

スライド29

　品質管理の専門部署を設置されていますが、マニュアル作成による明文化までは行っておらず、今後策定していくことや、事業規模が拡大していく中で組織構造を変革することなどが課題となります。
　これまでご説明させていただいたESGへの取り組みの現状や課題の内容をフィードバックシートにまとめて、ドゥパック阪和さまにお伝えさせていただきました（スライド30）。ESGへの関心は高く、取り組みは進んでおられますが、項目ごとに取り組みの中の割合をレーダーチャートで確認すると、相対的にEの分野の取り組み強化が課題となることをお伝えしました。
　中でも環境配慮型製品の販路拡大が、サプライチェーンにおける環境負荷低減のインパクト並びに業容拡大にもつながるため、重点的に取り組んでいくこ

とや、さらなる社員の皆さまの働きやすさ、働きがいの向上に向けて取り組みを促進していく必要性をお伝えしました。

併せて、省エネ化の余地がないかを検証することが、CO2排出量削減に向けたアクションの第一歩にもなることも説明させていただきました。

スライド30

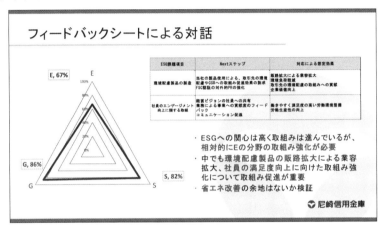

堂野：

尼崎信用金庫さまとの対話を通じて、ESGの項目ごとに、できていること、課題となることを認識しました（スライド31）。省エネについては、弊社は光熱費が比較的少なく、工場の機械設備も比較的新しいことから、それまで強く意識していなかったことに気付かされ、必要性を認識しました。

環境配慮の取り組みを社会に幅広く普及していくためにも、弊社のFSC認証への取り組みについて、営業活動を通じて発信を強化していく必要性を感じました。FSC認証への取り組みを製品開発やマーケティング戦略に取り込み、企業ブランディングを強化し、さらなる販売拡大をしていきたいと感じました。

弊社の社員が働きやすい環境をつくり、おのおのが目標や向上意識を持ち、やりがいを持って働ける会社であり続けたいと考えています（スライド32）。

スライド 31

ドゥパック阪和の気付き・取組み方針

E：環境面

【省エネ化の取組み】
これまで強く意識してはいなかった
↓
改善余地がないか検証
CO2排出量削減にもつなげていく

【環境配慮の取組みの普及促進】
取組みの対外的な発信
ブランディング強化
マーケティング戦略策定

スライド 32

ドゥパック阪和の気付き・取組み方針

S：社会面 ／ G：ガバナンス面

【社員がやりがいを持って働ける環境づくり】
社内コミュニケーションの促進・社員満足度向上
社員のスキルアップ促進
営業人員の増員

【生産性向上】
IT化、設備更新、品質管理強化

【BCP策定】
不測の事象が起きても、
企業としての責任を果たせるように

社内でコミュニケーションを取り、経営の方向性や、5年後、10年後のビジョンを共有し、業務や役職を超えてベクトルを合わせていくことで、社員エンゲージメントの向上やスキルアップを図っていきたいと考えています。営業人員の増員は、コストの面からも中期的に検討すべき課題ですが、業績向上を図る上

で必要な取り組みと考えています。

業務プロセスを見直し生産性を高めていく取り組みとして、IT化や継続的な設備更新を行うとともに、生産管理、品質管理面についても、より強固な体制を整えていきたいと考えています。

BCPの策定については、近年災害が激甚化する中で、いつ、どのような形で弊社が巻き込まれるかもしれず、不測の事態が発生しても企業としての責任を果たせるように策定を進める必要があると改めて認識しました。

樋口：

　それでは、当金庫の伴走支援についてご説明させていただきます（スライド33）。

スライド33

　省エネ化については、経済産業省の補助事業である省エネクイック診断を提案させていただきました。省エネ専門家による診断を受け、コンプレッサーや空調、キュービクルなどの機器の運用状況を確認いただきました。診断の時点で、専門家から機器の設定を変えることで省エネにつながるアドバイスを受けることができました。今後、診断報告書の完成を待って、省エネ化に取り組み、

光熱費削減を支援するとともに、CO2排出量を計測するサービスを、当金庫提携先の紹介を通じて提案し、見える化推進とともに削減に向けて支援してまいります。

販路拡大については、信用金庫のネットワークを活用した広域でのマッチングや、大手企業OB人材がコーディネーターとして取引先を紹介する、川上・川下ビジネスネットワーク事業、中小企業さまの販路開拓コーディネート事業などによるテストマーケティング、戦略策定支援などを通じて実施しており、今後必要に応じ、外部人材として副業人材の活用なども検討していきます。

営業人員の増員については人材紹介や求人票の添削支援、社員の育成スキルアップについては連携先であるポリテクセンターさまの研修などを活用していく方針です。

社内コミュニケーション促進については、当金庫が提供する支援サービスである、あましん課題抽出サポートプログラムを活用し、外部人材がファシリテーター役となって社内会議を行い、社員間でコミュニケーションを図るとともに課題を明確化し、当金庫が伴走して課題解決に向けた取り組みを進めていく方針です。

評価シートを活用して良かった点は、ESGへの取り組み状況や課題をドゥパック阪和さまと共有ができ、取り組みや支援方針が明確化できたことや、対話を通じてESGに関する知識が習得できたことです（スライド34）。

苦労した点は、ヒアリングやシート作成に慣れておらず、相応の時間が必要であったことですが、苦労した以上に得るものがあったと感じています。

堂野：

最後に、弊社の立場で、感想と今後の目標についてお話しさせていただきます（スライド35）。

ESGというと、自社がどの程度取り組めているのか分からなかったところがありましたが、今回、対話を通じて、外部からの目線で取り組み状況の棚卸しを頂き、意識せず実施できていたことが、実はESGへの取り組みにつながっていたり、新たに課題として気づきがあるなど、今後の取り組みの方向性が明

スライド34

シートを活用した対話について

良かった点
・ESGの取り組み状況が網羅的に見える化できた
・課題が明確となり、今後の支援を行う上で参考となった
・ESGの対話を通じて職員の知識向上にもつながった
・長期的な目線でお取引先と課題を共有できた

苦労した点
・シートの作成、ヒアリングに慣れておらず苦労した
・ヒアリング後、作成に時間がかかった

尼崎信用金庫

スライド35

ドゥパック阪和の感想と今後の目標

・社内で意識せずに実施していることが、ESGの取組みにつながっているということが認識できた
・外部の視点で指摘してもらえることが参考になった
・フィードバックシートにより社内の課題を整理でき、今後の取組みの方向性や優先順位が明確になった
・中長期的な視点で課題と向き合う必要性を、対話を通じて改めて認識した
・今後も伴走支援を受けながら、事業成長に向けて取り組んでいきたい

確になったことが1番の収穫だと感じています。ESGへの取り組みは中長期的に重要な取り組みで、事業を行っていく上で、項目によってはどうしても後回しになってしまいがちですが、今後も尼崎信用金庫様と対話しながら、優先順位をつけて、取り組みを着実に進め、さらなる事業成長につなげていきたい

と考えています。

樋口：

それではこれをもちまして発表を終了させていただきます（スライド36）。

樋口、堂野：

ご清聴ありがとうございました。

スライド36

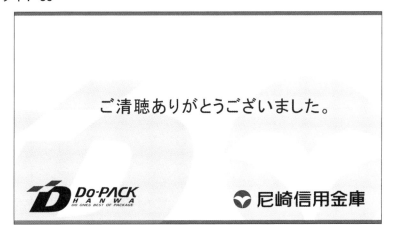

荒木：

堂野様、樋口様、ありがとうございました。

第5章 パネルディスカッション「ESG地域金融普及の課題」

司会 家森 信善（神戸大学経済経営研究所教授・同地域共創研究推進センター長）

パネリスト（50音順）
亀井 茉莉 （金融庁総合政策局総合政策課サステナブルファイナンス推進室課長補佐）
小立 敬 （野村資本市場研究所主任研究員）
作田 誠司 （尼崎信用金庫理事長）
須藤 浩 （信金中央金庫副理事長）
竹ケ原 啓介 （株式会社日本政策投資銀行設備投資研究所長）

荒木：

　ただ今から、パネルディスカッションを始めます。このパネルディスカッションでは、第1部で基調報告を行った神戸大学経済経営研究所の家森信善教授が司会を務めます。

　パネリストの皆さまは、50音順に、亀井茉莉金融庁総合政策局総合政策課サステナブルファイナンス推進室課長補佐、小立敬野村資本市場研究所主任研究員、作田誠司尼崎信用金庫理事長、須藤浩信金中央金庫副理事長、竹ケ原啓介株式会社日本政策投資銀行設備投資研究所長です。各パネリストの皆さまの詳しいプロフィールは、本日の資料としてホームページに掲載していますので、そちらをご覧ください。

　それでは家森教授、司会をお願いします。

家森：

　ありがとうございました。それでは、これからパネルディスカッション「ESG地域金融普及の課題」を始めたいと思います。

　先ほどの基調講演は、私の他に、金融庁の亀井様、尼崎信用金庫の田中部長が行い、さらに、尼崎信用金庫の支店長さんと事業者の方々から実践事例を報告いただきました。私のアンケート調査によると、小さな企業はなかなか気付きもなく、気付いているところについても、何をしていいのか分かっていないということでした。

　実際、今日、與那嶺さま、堂野さまからお話しいただいたように、尼信さんから見て、比較的こういう分野でよくやっているところですら、自分のところがこういうことをやれていたと思っていなかったとおっしゃっています。つまり、これまで気付きがなかったということです。さらに、尼信さんから言われてみると、もう少しここをやればよいということが分かりましたとおっしゃっていました。

　まさに、このESGの対話シートは、健康診断書のようなものです。元気だと思っていたけれども、実際に血圧を測ってみると数値が高すぎることに気がつきます。そして、それなら減塩しようと行動を変えていくようになります。同じように、企業の皆さま自身、きちんとされている部分はいいのですが、それ以外のところで課題があるかもしれません。それを見つけて、病気をあらかじめ防ぐように、この診断書に基づいてこの取り組みをやっていきませんかということになってきたというお話を頂きました。

　私も金融の世界にいますので、事業者の生のお話を聞くのは少なく、大変勉強になりました。

　こうした良い事例が出てきているものの、最初に申し上げましたように、中小企業においてESG対応が進んでいるわけではありません。これからどうしていったらいいのかという段階の企業がたくさんいらっしゃいます。中小企業の取り組みを後押ししていきたいと、ほとんどの地域金融機関や支援機関の方々が思っていらっしゃいます。このパネルディスカッションでは、中小企業

のEやSの取り組みを金融機関や支援機関がどのように支援していくべきかという観点から議論をしていきたいと思います。

　最初に、このパネルディスカッションからご登壇いただいた方にお話をいただこうと思います。

　まず、日本政策投資銀行の竹ケ原さんにお話を伺いたいと思います。竹ケ原さんには、昨年も本シンポジウムにご登壇いただき、本年5月に神戸大学経済経営研究所の客員教授に就任していただきました。また、環境省のESG地域金融促進事業の座長もお務めです。地域金融機関がESG地域金融に取り組むことの意味や、そもそもESG地域金融とは何かといった観点からお話をお願いしたいと思います。よろしくお願いします。

竹ケ原：

　竹ケ原と申します。よろしくお願いします。今、家森先生からご紹介賜りましたが、ESG地域金融というコンセプトの策定を、家森先生や日下先生と一緒に、この数年担当させていただいています。

　その関係で、口火を切らせていただくわけなのですが、そもそもESG地域金融とは何かという話から入りたいと思います（スライド1）。もともとの問題意識はここにあるとおりで、上場企業と機関投資家を主役とする、いわゆるESG投資がブームになっていますが、これが地域の非上場企業や間接企業に何か関係があるのか、という問題意識から始まっています。

　ここにいらっしゃる皆さまには釈迦に説法になってしまいますが、ESG投資とはそもそも何でしょうか。いろいろな解釈がありますけれども、本質を探れば、長期の投資です。この先、2050年に1.5℃の世界になるか、4℃になるかも分からないわけです。非常に不確実な長期を展望した時に、投資対象となる会社がきちんと二本足で立っていられるのかどうかを判断したい。要は、長期にわたるビジネスモデルの持続可能性、すなわち、稼ぐ力の持続可能性を見極めて投資をしていきたいという問題意識です。そのためには足元の決算だけを見ていても難しい。その会社の見えない力までしっかり見切らないと、とて

スライド1

も怖くて投資できません。従って、財務情報と並んで、無形資産や非財務情報もきちんと見ていきましょうということになります。

　そうすると、長期の視点で考えることと、無形資産、非財務情報に着目するという2点がエッセンスということになります。ここで、地域の金融機関がメインバンクとして長らく果たしてきた役割を振り返ってみましょう。そもそも銀行取引自体、企業の永続性を前提にしているという点で長期の視点を備えているうえに、運転資金を融資してローリングしていく話は、基本的にエクイティと類似する面があります。また、中小・中堅企業へのファイナンスで、BS・PLだけを見て貸すようなバンカーはいないでしょう。地域のメインバンクたる者、その会社のことを深く理解して、先ほどの尼信さんの事例にもあったように、いろいろなことを考えながら提案して支えてきたわけです。こう考えると、長期の視点、ゴーイングコンサーンの視点がもともとある上に、無形資産をしっかり見ながら融資してきたわけでして、この言葉を使うか、使わないか

は別にして、ESGは、地域の金融機関がずっとやってきた話といえるのではないでしょうか。

　加えて、金融庁からの要請事項として、事業性評価をしっかりやっていきましょう、過度に担保や個人保証に依存するのではなくて、その会社の事業性をしっかり見極めた上でいろいろな支援をしていってほしいということがあります。今、各行がこれに努力されているわけなのですが、このコンセプトはまさしく見えない力をしっかり見切っていくという話そのものです。

　結論として、そもそもESGは地域に関係あるのかではなくて、それどころか、ESGというコンセプトは、地域にとっては温故知新、昔からやってきた話です。これがまず入り口になります。

　では、ESG投資家は何を見ようとしているかというと、先ほどの長期の視点になりますが、ここで出てくるのが社会課題です。これから10年、20年にわたり、マーケットから駄目出しされないためには、少なくとも、これから社会、すなわちお客さんが直面する社会課題をきちんと理解できていて、その解決と自社の成長をきちっと同期することが必要です。要するに、うちがもうかればもうかるだけ世の中がこれだけ良くなっていくというストーリーを提示できる会社が生き残っていくという解釈です。これは俗に価値創造ストーリーと格好つけた言い方をしますけれども、これを地域に即して読み替えるとどうなるか、というのがESG地域金融というお話です。

　社会課題があって、それを解決することで企業が成長していきますというメッセージを、上場企業であれば自分から出してくれます。それを投資家として是か非かと判断して投資をすることがESG投資の世界です。

　地域の場合はこれがもう少し難しくなってきます。地域にどのような課題があるのだろうか、まずそれを理解する必要がありますが、これは地域の金融機関の皆さんにとっては自明だと思います。では、その解決に役立つ資源はどこにあるのでしょうか。これに関しては、上場企業と違って、黙っていても誰も言ってくれません、むしろ自分たちがプロアクティブに動いて、地域にどのような資源が埋没しているのかを見いだして、つなげていかなければいけません。

これは、まさに取引先企業の中身をしっかり見て、この会社だったらこの課題の解決で成長していけるというストーリーを一緒に考えてあげることです。この点も、私が申し上げるまでもなく、尼信さんの２つの事例がきれいに示しているわけです。こういう話が地域 ESG 金融だと考えています。
　要するに、地域課題を正しく把握した上で、解決に役立つ地域資源、まさに取引先の強みを含めて、これを見いだした上でマネタイズすることがこのテーマだと思います。
　その観点で家森先生とともに、環境省と５年間にわたり取り組んできた結果が、これだけの実績になっています（スライド 2）。今、ご説明したような問題意識の下で地域の資源を特定して伸ばしていこうとする金融機関がたくさんあります。そんな状況ですから、本事業へ参加する競争率は今はかなり高いのですけれども、尼信さんは２年連続突破して、非常にいい事例を積み上げていただいています。

スライド2

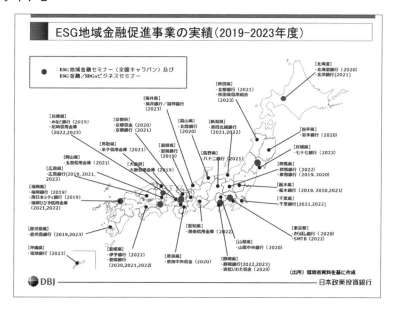

尼信さんの事例は十分お聞きできたので、全く違う事例を1つご紹介します（スライド3）。広島銀行さんの事例です。広島銀行さんにとっては、当然、県下にある自動車メーカーと、それに連なるティア3以下の企業などの将来展望が大きなテーマであり、これまでもマクロ的に自動車産業とそれに連なる部品産業の将来像を検討されていました。

スライド3

　広島銀行さんも本事業に参画頂くのは3回目なのですが、今回は、より具体的なテーマに絞られました。鋳物の工程なのですが、自動車部品メーカーを考えた時に、キュポラを使って金属を溶かして鋳物を作る、ここの工程の$CO2$がサプライチェーンの脱炭素化を進めるうえでボトルネックになることが分かってきたのです。電炉に置き換えて、その電炉を再エネの電力でカバーできてしまえば簡単なのですが、当然お金がかかりますし、それを今からやるのかという議論があります。

そこで、広島銀行は、コークス——石炭を蒸し焼きにしたものを燃やすからCO_2が出るので、これをバイオコークス、バイオマス資源に置き換えたら、当面、現在の生産設備のまま脱炭素化を進められるのではないかと考えました。この発想により、気候変動というマクロのテーマが地域レベルの課題に転換されます。広島県にどのようなバイオマス資源があって、それがバイオコークスに代替できるのかを子細に調べていった結果、カキの養殖いかだが竹を使っているのですが、これが年間相当な量が出てくることが分かってきました。これがどこからどれくらい排出されているのか、バイオコークス化した時にどのぐらい代替できるのか、を調査しました。

　結果として、一定量の代替が可能なだけの潜在力はあることが分かりましたが、今回の検討はそこまでで終わりました。養殖いかだの廃棄物は一般廃棄物です。相応の排出量はあるものの、これを集めて大規模にバイオコークスにしようとすると、一般廃棄物が市町村の域を超えてかってに移動できないという、廃棄物の広域処理の話になります。新たなスキームが必要になるわけで、今も、いろいろ議論が続いていると思います。

　結論として、今回、広島銀行さんが入ることで、温暖化のテーマがサーキュラーエコノミーの具体的な課題に接続されたことと、自動車産業の産業転換という大きなテーマが、実は地域の廃棄物処理業界を含めたサプライチェーン構築という、より身近なテーマに転換されたわけです。こういう話ができるのが、このESG地域金融の強みだと思っています。

　そういう意味で、後ほどもコメントさせていただきますが、先ほど聞かせていただいた尼信さんの2つの事例は非常に示唆に富む事例だと思いました。

　私からのご報告は以上とさせていただきます。

家森：

どうもありがとうございました。

　続きまして、本日は、海外の金融事情に詳しい野村資本市場研究所の小立さんをお招きしています。小立さんには、ESG地域金融の重要性について、国

際的な視点からお話いただければと思います。よろしくお願いします。

小立：

野村資本市場研究所の小立と申します。

私は、欧米をはじめとする海外のあるいは国際的な金融監督規制や、金融機関のリスク管理を主なテーマとして調査研究を行っています。そうした文脈では、ESGのEとして、気候変動リスクが、金融機関あるいは金融システムに与える影響、リスクの計測指標などを調べています。

特に新型コロナウイルス以降は、ESGのSに該当するものとして、社会的課題の解決を金融面から支える、いわゆるソーシャルファイナンスにも注目しています。中でも、社会的インパクトの実現を本業とする銀行として、海外ではソーシャルバンクと一般に呼ばれている業態があります。ソーシャルバンクのビジネスモデルを調べると、日本の地域金融機関との親和性が非常に高いと考えておりまして、現在は、日本におけるソーシャルバンキングの可能性についても研究しています。

私からは、ESGを巡る海外の銀行業界の取り組みについてご報告をさせていただきます。

まずは、欧州の状況から整理をさせていただきたいと思います。欧州は、皆さんご案内のとおり、ESGを推進するグローバルリーダーと言えると思います。現在、欧州の金融セクターでは、投資の決定の際にESGを考慮し、持続可能な経済活動やプロジェクトに対して長期的な資金を提供することを目的として、政策的にサステナブルファイナンスが推進されています。

具体的には、2019年12月に、EUの行政機関である欧州委員会が、2050年までの気候中立的な経済モデルへの移行に加えて、気候変動や生物多様性への対処などを目的として、欧州グリーンディールという、脱炭素と経済成長の両立を図る経済政策を提示しています。

現在、この欧州グリーンディールの枠組みの下、サステナブルファイナンスは、低炭素で、より資源効率性が高く、そして持続可能な経済への移行に向け

て、重要な役割を担うものとして位置付けられています。こうした環境の下で、欧州の金融セクターでは現在、金融機関の事業戦略や投資方針、あるいはディスクロージャーを始めとする金融規制の枠組みの中にESGの要素を組み込もうという取り組みが行われています。

実際、欧州の銀行もサステナブルバンキングとして、その実現を目指して、自らの事業戦略や投資方針、リスク管理の枠組みの中にESGを統合する取り組みを進めている状況です。

例えば、ESGを統合した銀行の事業戦略あるいは投資方針として、グリーン・プロジェクト・ファイナンスや、エネルギー効率の高い住宅に対する住宅ローンのような、ESG関連の金融商品・サービスの提供を行ったり、ガバナンスの強化という観点では、銀行内にサステナビリティに責任を持つチーフ・サステナビリティ・オフィサーを設置したりといったことが幅広く行われるようになっています。

ただ、実際のところは、ESGを統合する銀行の取り組みは、欧州においても初期段階であると言えます。オフバランスも含めたあらゆる金融商品・サービスに及ぶESG要素の統合はまだ完全ではありません。また、ESG投融資のポートフォリオ分析は、再生可能エネルギーやグリーンボンドといった特定のセクターや商品に限定して行われている状況です。

また、ESGのリスク管理をしようということになっても、データが不足していたり、あるいは欠如していたりという課題があることに加えて、多様なESG要素がさまざまな金融のリスクにどのように影響するのかについても、まだ共通の理解が十分に備わっていないという状況にあります。

欧州の銀行セクター全体として見てみますと、サステナブルバンキングの実現は道半ばという状況にあるのではないかと思います。

ただ、欧州には、人々・社会・環境といった社会全体の利益を促進することを目的としたサステナブルバンキングあるいはソーシャルバンクと呼ばれる銀行が存在します。例えば、1974年にドイツで設立されたGLS銀行や、1980年にオランダで設立されたトリオドス銀行、あるいは1999年にイタリアで設立

されたバンカエチカなどが有名です。

　例えば、トリオドス銀行は、第一に、人々の生活の質を向上し、人間の尊厳を中核に据えた社会の構築を支援すること、第二に、人々と環境に利益をもたらす方法によって個人や企業が資金を使いながら持続可能な開発を促進すること、第三に、持続可能な金融商品・サービスを顧客に提供することをミッションとして掲げています。トリオドス銀行は、そのようなミッションの下で、社会的・環境的インパクトを追求するべく、持続可能な投融資を提供しています。

　トリオドス銀行の中には幾つかの事業部門があるのですが、銀行部門では、リテール事業に関しては、一般の商業銀行と同じように、預金受入れなど通常の銀行サービスを提供する一方で、ホールセール事業については、エネルギーや気候、食料、農業、社会包摂に焦点を当てながら持続可能な融資を提供しています。

　また、彼らは資産運用部門を持っており、資産運用部門では、エネルギーや気候、社会包摂、持続可能な食料、農業、インパクト投資をテーマとした投資ファンドを運用しています。トリオドス銀行のさまざまな金融商品・サービスを通じてインパクトの追求が目指されています。

　さらに特徴的なのは、再生マネーセンターという、経済的リターンよりも社会的・環境的なインパクトを優先する部門があることです。この再生マネーセンターでは、寄付と投融資とを組み合わせたファイナンス手法であるブレンデッドファイナンスが提供されています。

　ブレンデッドファイナンスは、日本ではあまりなじみがないのですが、一般的には公的資金、あるいは財団が提供する慈善的な基金、これらがリスクマネーの一部を提供することによって、民間投資を呼び込もうとするファイナンス手法です。言い換えると、よりリスクが高いと考えられる社会的な投資に対して、民間の投資を呼び込みながら、レバレッジをかけて投資金額を拡大させる投資ストラクチャーです。最近、日本でも、脱炭素化の分野などで、ブレンデッドファイナンスを活用すべきではないかという議論が高まっています。

　以上から、トリオドス銀行とはどのような銀行なのかということをまとめる

と、伝統的な投融資に、ブレンデッドファイナンスのような新しいファイナンス手法を組み合わせながら、社会的課題の解決を追求するソーシャルバンキングを実践する銀行であると捉えることができます。

　ここまでは欧州の事例を見てまいりましたが、米国の状況についても少し触れたいと思います。米国では、気候変動対策に対して、共和党が懐疑的なスタンスを鮮明にしています。例えば、保守層が非常に強いテキサス州では、投資家によるESG投資を規制しようとする動きもあります。現在、米国では、ESGを巡って保守層とリベラル層の分断が生じています。今秋の大統領選を前に、ESGという言葉が政治色を帯びてしまっています。世界最大の資産運用会社であるブラックロックのラリー・フィンクCEOをはじめとして、ESGという言葉の使用を控える動きがあるのが、ESGを巡る今のアメリカの情勢です。

　しかしながら、アメリカの企業の実態を見てみますと、ESGという言葉を使わないまでも、自らの社会的責任として自主的にESGの取り組みを進めています。銀行セクターについても同様でありますが、さらにFRBが大手銀行に対して気候変動リスクの管理を求めたり、気候変動に関するストレステストを実施したりしており、銀行監督の枠組みの下で気候変動対策が進められています。

　また、ESGを巡る政治的な対立とは無関係なところで、地域金融に関して注目すべき動きがあります。アメリカでは、コミュニティ開発金融機関、略してCDFIという仕組みが導入されています。CDFIとは何かといいますと、一般に低所得・低成長の地域社会や、コミュニティの経済問題、あるいは社会的課題の解決を図るために、職業訓練や技術支援とともに融資を提供する銀行やクレジットユニオン、すなわち信用組合、あるいは投資ファンドなどです。

　CDFIは、金融機関がCDFIファンドという政府機関に申請し、認定されることによってそのステータスが得られます。CDFIに認定されると、CDFIファンドから助成金による金融支援が得られる仕組みです。CDFIには銀行や信用組合などいろいろな業態があるわけですが、CDFIの保有資産の3分の2をク

レジットユニオン、つまり信用組合が占めています。

実は、CDFIは、1994年から存在しますが、パンデミック以降、CDFIとして指定された金融機関の数、さらに保有する資産の面で、急速に成長しています。パンデミック以降、十分な金融サービスを享受できない消費者や借り手のニーズに対応する上で、レンダー・オブ・ファースト・リゾート、つまり最初の貸し手としてCDFIの重要性に改めて焦点が当てられています。

アメリカは、どちらかというと、資本主義の印象が強い国ではありますが、このようなコミュニティ開発に力を入れるソーシャルバンクも着実に成長しています。

欧米の状況をまとめますと、まずESGのリーダーである欧州の銀行であっても、事業戦略や投資方針、リスク管理にESGを組み込むことについては、いまだ道半ばの状況にあると考えられます。実際、ESG要素を統合したサステナブルバンキングを実現するためには、例えばチーフ・サステナビリティ・オフィサーという責任者を置くことが一般的なのですが、現実問題として、専門的人材が不足しているという課題が指摘されています。

一方で、欧米だけでなく、世界中でソーシャルバンクが活動の幅を広げているのが現在の状況です。地域社会やコミュニティの利益を促進するという経営理念は、本日のパネルのテーマであるESG地域金融の理念にも共通しているように窺われます。海外のソーシャルバンクでは、例えばブレンデッドファイナンスのような新しいファイナンス手法を使いながら、コミュニティ金融、地域金融を提供しています。ブレンデッドファイナンスのような金融手法をそのまま日本に持ってくることは難しいと思いますが、日本の今後のESG地域金融にとっての新しいヒントを示してくれるように感じています。

私からは以上です。

家森：

小立さま、どうもありがとうございました。

続きまして、尼崎信用金庫の作田理事長にお話を伺いたいと思います。尼崎信用金庫さんは、環境省のESG地域金融促進事業に2年連続で取り組まれて

きました。尼信さんがESG地域金融に取り組まれている理由、言い方を変えますと、尼崎信用金庫さんにとってのESG地域金融の位置付けについてお話いただければと思います。よろしくお願いします。

作田：

　ありがとうございます。改めまして、尼崎信用金庫、作田です。どうぞよろしくお願いします（スライド4）。

スライド4

　それでは、今、家森先生からお話のありました、当金庫におけるESG地域金融の位置付けですが、まず、スライド5をご覧いただけますでしょうか。こちらは、今日もいろいろとお話がありましたし、家森先生からも詳しくお話しいただきましたように、私どもは2022年、2023年とESGに係る地域金融促進事業ということで、事業性評価スキームの策定、そして実践に取り組んできました。

スライド5

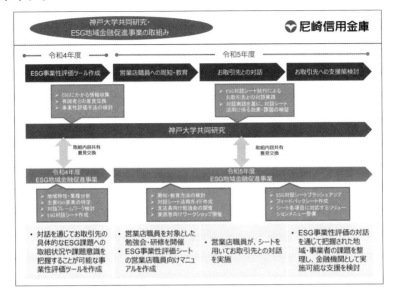

　ご覧のとおり、2022年が神戸大学さんとの共同研究で、事業性評価シートの策定を行わせていただきまして、2023年には、実務ベースでの取り組みにつなげていこうということで、今日も、うちの部長の田中から説明がありましたように、活用ガイドの作成、あるいは勉強会を実施する、あるいはワークショップを開催するなど、段階を踏んで、こうした取り組みをバージョンアップしてきたと思っています。

　これまでも、事業性融資の分野、それとESGの分野につきましても、いろいろな角度から、金庫としても取り組みを行ってまいりましたので、信用金庫業界の中では、それなりの立ち位置でやってきたと自負はしています。しかし、ちょうど一昨年、家森先生とお話をしている時に、これまでの取り組みをもう一段踏み込むためのヒントを頂きました。

　細かくて申し訳ないのですが、スライド6には、これまで当金庫のESGに関連する部分と事業性評価に関する取り組みの推移を少しお示しさせていただいています。この中で、例えばEの分野で申し上げれば、かなりベーシック

な取り組みにはなりますが、地域全体を巻き込んだ、例えば植樹活動であったり、あるいはお取引先の活動を表彰するような制度なども随分前から取り組みを進めてまいりました。それと、お取引先のSDGsの取り組みをサポートすることもかなり積極的に取り組んできたところでもあります。

スライド6

また、スライド6の下の段の事業性評価に関する分野としましては、私どもが長年にわたって取り組んでまいりました業種別スペシャリストの育成や、今、よく言われている知的資産経営やローカルベンチマーク、これもかなり早い段階から、こうした制度を活用した事業サポートに積極的に取り組んできたと思っています。

先ほど申し上げた家森先生からのヒントは何かといいますと、要はわれわれの強みであるこういった中小企業金融というテーマとESGというテーマ、これは個々の取り組みとしては、当然ノウハウがあるわけですけれども、そのノ

ウハウがどうしても点になってしまっていて、それをなかなか線に結び付けることができていないということです。言い換えれば、事業性評価の中にESGに関する切り口の取り入れができていなかったと思っています。

　われわれの取り組みが単なるツールの提供でよければ、こうした取り組みのやり方で全く困らないのです。しかし、われわれのお取引先にとって、このESGは非常に重要なテーマですので、こうした分野のサポートに対して、われわれが表面的な対応で済ませるわけにはいかないと考えています。こうした背景があって、今回の神戸大学さんとの共同研究の中で、ESGに関する事業性評価シートの策定につながっていきました。

　この2年間の取り組みで、私どもの職員の取り組みスタンスも随分と変化をしてきたと思っています。そして、お取引先に対する提案内容につきましても、非常に付加価値の高いものがご提案できているのではないかと思っています。

　当初から職員の人材育成を図り、それをお取引先との対話につなげていく、そしてそれを基に課題の把握を行い、支援策の提供を行っていくという流れが、ようやく好循環につながりつつあると思っていますし、こうした取り組みが必ずやお取引先の次の事業展開にもつながっていくと確信しています。

　スライド7には、ESG対応が求められる背景についてお示ししています。こうしてご覧いただきましても、こうした分野が単なるカーボンニュートラルやDXに関する課題として、われわれ金融機関そしてお取引先が捉えるということではなく、われわれにとりましても、そしてお取引先にとっても、新しいビジネスチャンスにつなげる絶好の機会であるということをご理解いただけるのではないかと思います。

　スライド8は、われわれの取り組みを鳥瞰図（ちょうかん）の形でお示ししています。こうした鳥瞰図でご覧いただきましても、地域やお取引先との関係性の中で、われわれ金融機関の役割は一体何かといえば、これはお取引先の新しい事業展開につなげるためのビジネスのパートナーでなければならないとも考えています。そして、こうしたパートナーとしての活動が、決して独り善がりにならないように取り組んでいかなければなりませんし、お取引先の業界の動きなど、さま

スライド7

スライド8

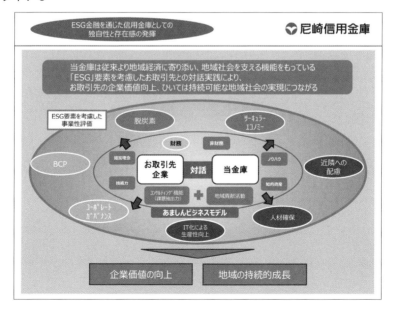

ざまな専門的な分野を含めまして、しっかりとアンテナを立てておくことが、われわれにとっても重要なことだとも思っています。

最後に、スライド9では、私どものサポート体制についてお示しさせていただいています。日頃、取り組みの中で感じていますのは、信用金庫をはじめとする地域金融機関の場合、営業店からのサポートにはどうしても限界があると思っていまして、必然的に本部の担当部署の動き方は非常に重要になってくると考えています。

スライド9

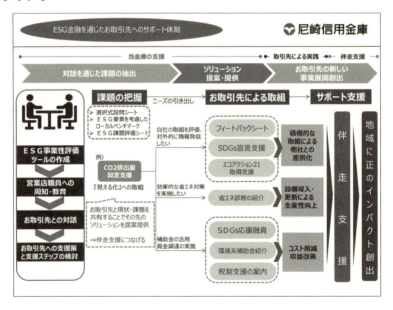

当金庫の場合、本部の担当部署も決して大所帯の部隊ではありませんが、取引先に対する情熱という意味では、恐らく3人分、4人分ぐらいの情熱を傾けて取り組んでくれているのではないかと思っています。地域内での尼崎信用金庫としての存在感を発揮してくれているとも思っています。

そして、こうした取り組みは、やはり継続して取り組んでいくことが非常に

重要で、冒頭のあいさつでも申し上げましたが、神戸大学さんとの共同研究は3年目の新たな取り組みのスタートということで、2024年度からは広域連携を1つのテーマと考えて取り組んでいければと思っています。今後、引き続きさらなるバージョンアップを図りながら、私どもが目指す新しい信用金庫のビジネスモデルを策定していければと思っています。

私からは以上です。

家森：

作田理事長、どうもありがとうございました。

次に、信金中央金庫の須藤副理事長にもお話を伺いたいと思います。信金中金もESG地域金融に取り組まれています。信金中金の取り組みも含めて、地域金融機関、特に信用金庫がESG金融に取り組むことの重要性や意味についてお考えをご披露いただきたいと思います。須藤さん、よろしくお願いします。

須藤：

ありがとうございます。ただ今、ご紹介いただきました、信金中央金庫の須藤です。まずは、本日、このような貴重な機会にお招きいただきましてありがとうございます。

ただ今の作田理事長からの尼崎信金さんのお取り組みや、新征テクニカルさん、ドゥパック阪和さんの取り組みのお話を拝聴しまして、改めてESG地域金融の重要性に気付きますとともに、その中において信用金庫が地域において果たす役割が大きいことを再認識させられました。

私のほうからは、信用金庫の中央金融機関としまして、信金中央金庫、略称で信金中金と申しますけれども、われわれが全国の信用金庫と共に各地のESG地域金融について取り組んでいる状況について少しでもお話しさせていただけたらと思っています（スライド10）。

スライド 10

　スライド 11 を見ていただきたいと思います。信金中金におきましては、SDGs を踏まえまして、そして協同組織というわれわれの業界の特性がありますので、その理念にのっとりまして、信金中央金庫グループ SDGs 宣言を掲げています。そこでは、地域・人々・環境の 3 つを重要なテーマとして掲げてい

スライド 11

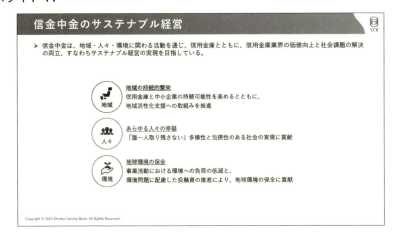

まして、全国の信用金庫の皆さまと共に業界の価値向上を図るとともに、今日も何度かキーワードとして出てきていますけれども、社会課題解決を両立させる、いわゆるサステナブル経営の実現に取り組んでいます。

スライド12をご覧いただきますと、地域の中小企業は、皆さまご案内のとおりですが、担い手の不足といった構造的課題を抱えています。また、コロナ禍からの経済回復もありまして、事業環境は大きく変化していることはご存じのことと思います。私自身、日頃、中小企業と接している信用金庫の皆さまと情報交換をさせていただく中で、やはりコスト削減やトップラインの拡大がどうしても最優先の課題になっていると強く実感しています。

スライド12

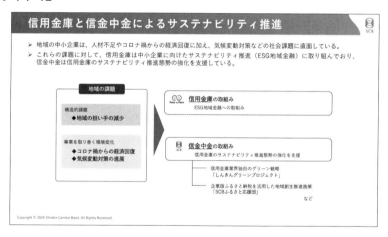

一方で、今日ももろもろ議論がありましたけれども、気候変動対応として脱炭素への取り組みが求められていることは事実です。社会課題に直面する機会は徐々に増えていまして、具体的取り組みに悩んでいる中小企業は想像する以上に多いと考えています。しかし、家森先生からも先ほどありましたけれども、脱炭素への取り組みについて、特に小規模企業ほど対応が遅れている、動機づけを行う関係者として取引金融機関が果たせている役割が非常に少ないのが現

状です。新征テクニカルの與那嶺社長さまからも、動機づけがない、何から手を付けたらいいか分からないなどの問題意識をご提示いただきました。

　こうした中で、全国に信用金庫は254ありますが、それぞれの信用金庫が立脚する地域の持続可能な社会の実現に向けて、ESG地域金融に積極的に取り組んでいます。また、私ども信金中金では、信用金庫に対するサポートとしまして、信用金庫のサステナビリティ推進態勢の支援強化に取り組んでいます。この信金中金の取り組みについても、後ほど少しご紹介させていただきたいと思います。

　スライド13では、まず、信用金庫によるESG地域金融の取り組みについて、特徴的な事例をご紹介させていただきます。

スライド13

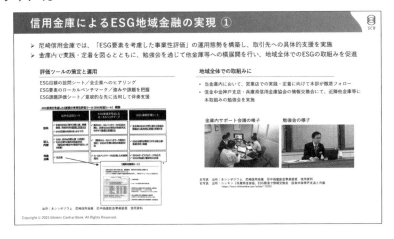

　1つ目は、こちらに記載のとおりですけれども、先ほど、作田理事長、田中部長のお2人からご説明のありました、尼崎信用金庫さんにおける取り組みです。ESG要素を考慮した3種類の事業性評価ツールを独自に構築され、お取引先に対して具体的な支援を行われています。このご説明を拝聴する中で、やはり単にツールの提供にとどまるのではなく、対話を通じて実効性を追求して

いる点に感動しました。

　また、自金庫内での定着にかなり意識をされていらっしゃるということで、加えて近隣の信用金庫の皆さんにも知見を共有される機会をつくられています。これはわれわれ信用金庫業界が理想とするネットワーキング、横展開というものでして、信用金庫業界がまさに地域全体のESG金融にコミットしていく姿と感じています。

　スライド14には、別の信用金庫のお取り組みも1つご用意しています。これは静岡県での取り組みです。静清信用金庫と三島信用金庫の両金庫は、金庫独自の「サステナビリティ・リンク・ローン」の取り扱いをスタートしています。これは、プラットフォーム自体は信金中金が提供していますSLLフレームワークを活用いただいているのですけれども、外部専門機関を活用して、融資先のCO2排出量を計測して、さらに格付け機関から第三者評価を取得するといったスキームです。

スライド14

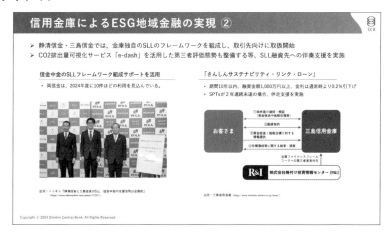

　実際に中小企業がSLLに取り組む際の障壁となっていましたのが、まずは排出量をどのようにモニタリングするのか、排出量をモニタリングした後、第

三者評価をどのように取得するのかという点でしたが、これらを信金中金と信用金庫が協業して、お取引先に伴走支援することにより解決することを目指すものです。

　特徴的なお取り組みを含めて、全国の信用金庫によるESG地域金融の取り組みを加速していくために、信金中金におきましては、業界のネットワークを有効に活用して、優良事例を全国に横展開していくとともに、信用金庫同士のマッチングを進めています（スライド15）。先ほどの尼崎信金さんの取り組み事例なども、地域から全国に対して広げていける取り組みを行えたらと思っています。

スライド15

　また、スライド15の右の絵にありますけれども、信金中金が有する幅広いリレーション、ネットワークを生かしまして、外部機関とも連携してつくり上げたソリューションを、個々の信用金庫に展開していきたいと考えています。これによって、業界全体のサステナビリティ推進を加速していきます。

　スライド16からは、信金中金が提供しているソリューションについて、少し具体的なものをご紹介したいと思います。私どもでは、信用金庫業界独自の

グリーン戦略としまして、しんきんグリーンプロジェクトに取り組んでいます。

スライド16

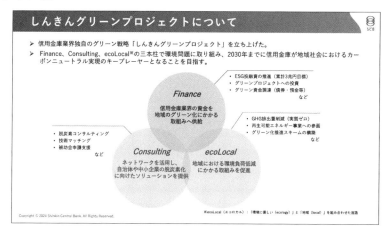

　1つ目は、信用金庫業界の資金を地域のグリーン化に係る取り組みへ供給するFinance、この点については、金融庁の亀井さまからもサステナブルファイナンスの重要性ということでコメントを頂きました。2つ目は、ネットワークを活用して自治体や中小企業の脱炭素化に向けたソリューション、課題解決策を提供するConsulting、そして3つ目は、地域における環境負荷の軽減を促進するecoLocalの3本柱でアプローチしています。

　このアプローチによりまして、2030年までに、信用金庫が地域社会におけるカーボンニュートラル実現のキープレーヤーになるということを、われわれ業界として追求しています。

スライド 17 には、しんきんグリーンプロジェクトで提供するソリューションを中心に、私どもの取り組みを記載しています。

スライド 17

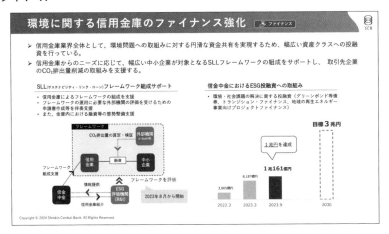

まず、Finance における取り組みに関しては、先ほど特徴的な事例としてご説明申し上げました SLL があります。これは、2023 年 8 月から、私どもがサポートを提供させていただいています。先ほど申し上げましたとおり、信用金庫が SLL に取り組む上で必要な融資態勢の整備なども支援させていただいています。これによって、信用金庫と共に地域における脱炭素経営の取り組みを後押ししていきます。

右側の絵になりますけれども、環境社会課題の解決に資する資金供給の1つとして、信金中金では ESG 投融資に積極的に取り組んでいます。グリーンボンドといった債券投資や、トランジションファイナンスはもとより、地域の再生可能エネルギー事業向けのプロジェクトファイナンスなどにも取り組んでいます。

スライド 18 には、中小企業向けの Consulting の取り組みとして、信用金庫が中小企業に対する脱炭素化を支援するソリューションのラインナップをお示

ししています。4つのステップに分けて、ステップごとに外部機関とも連携してメニューをご提供させていただいています。1つ目の中小企業の全社的な理解、意識の統一から始まりまして、次のステップではCO2排出量の現状把握、省エネ診断による目標・計画の策定、そして最後は脱炭素化などのソリューション提供を通じた対応策の実行支援まで、信用金庫が中小企業に対しまして、脱炭素化に係るトータルソリューションを提供できるようサポートしています。

スライド18

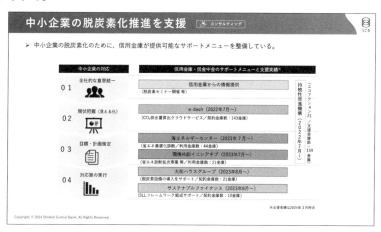

スライド19には、ecoLocalの取り組みについて記載しています。2022年6月に、信金中央金庫、全国信用金庫協会、さらに環境省の3者間で連携協定を締結しています。これにより地域経済エコシステムを形成しています。今後は、外部専門機関や事業会社との連携の下、エネルギー供給と需要の両面から、各地域で新たな事業を創出して、信用金庫が資金供給を行う環境を、より醸成していきたいと考えています。

中小企業にとっては、脱炭素化に取り組む意義やメリットなども必要になってきますが、そういった対応の一つとして、自治体等とも連携して取り組んでまいります。

スライド19

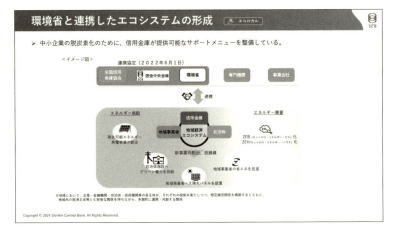

　さらに一歩を踏み込む取り組みとして、スライド20に記載していますけれども、私どもでは、脱炭素化支援機構とも連携しまして、投融資のノウハウの獲得や、各地域の再生可能エネルギー発電事業を促進しています。

スライド20

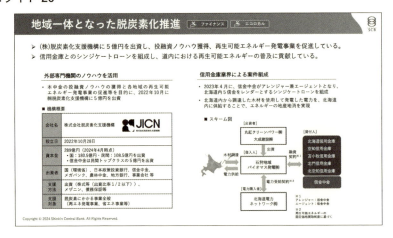

右側の絵は1つの事例ですが、信金中金がアレンジャー兼エージェント、信用金庫が貸し手となるシンジケートローンを組成した事例を記載しています。2023年には、北海道の5つの信用金庫が貸し手となったシンジケートローンを組成しています。この案件では、北海道内から調達した木材を基に発電した電力を北海道内に供給するということで、エネルギーの地産地消を実現しています。

　さらに、スライド21をご覧いただきますと、信用金庫がリーダーシップを発揮して地域を活性化する仕組みづくりも行っています。これは2020年度から2022年度まで、企業版ふるさと納税の仕組みを活用した地域創生推進スキームとして、SCBふるさと応援団という取り組みを行いました。こうした取り組みを通じて、例えば全国の自治体と連携を強化しつつ、脱炭素化についても信用金庫がリーダーシップを発揮して、ESG地域金融を実現してまいりたいと考えています。

スライド21

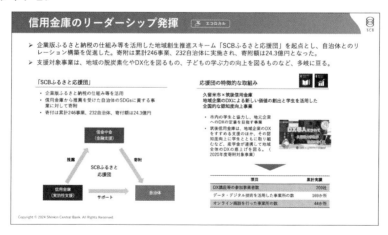

　以上、信用金庫業界としてのESG地域金融の取り組みについて、一部ご紹介させていただきました。私ども信金中金としましては、今後も信用金庫業界

のネットワークバリューを最大限に活用して、信金だからこそ生み出すことのできる新たな価値を地域に提供してまいりたいと考えています。

私からのご説明は以上となります。

家森：

どうもありがとうございました。

ここまでで、シンポジウムから新しくご登壇いただいた方々に、ESG地域金融の重要性、あるいは自らどのような取り組みをされているかについてのご紹介やお考えをご披露いただきました。

本シンポジウムでは、事業者の方と尼崎信用金庫さんの実践事例をご報告いただいたことが、普通のシンポジウムと異なる大きな特徴でした。今後、この評価シートを使った取り組みをどうやって発展させていったら良いのでしょうか。ここがうまくいかないと、われわれの試みは成功しないわけです。そこで、実践事例を聞いた感想や、あるいは他の事例などから、評価ツールを使った対話の有効性などについて、留意点あるいは感想を皆さん方からコメントいただきたいと思います。

まず、金融庁の亀井さんからお願いしたいと思います。

亀井：

今日、さまざまな観点からお話を伺えて、私自身も非常に勉強になりました。実際、事業会社の方の目線と、そこに融資されていらっしゃる支店の方の目線がうまくかみ合っているような形でお話を伺えて、大変腑に落ちるところがありました。

例えば、スマートファクトリーの取り組みをされていらっしゃる例では、人材の育成につながっており、それが事業の本当の強みにもなっている点は、なかなか他の会社でもまねできるものではないと思いました。こういう強みをいかに拡張していくのかという観点もありますし、FSC認証の紙を使った商品の例では、消費者や大手メーカーの環境に対する考え方が変わっていくことを

受けて、いかに販路拡大の支援をしていくのか、という点が見えてきたことも、非常に素晴らしいと思います。

　いずれの例も、数字だけではなかなか見ることができない、企業の本質的な強みを含む定性的な情報を、うまく今後の支援につなげていらっしゃるところが、非常に参考になる点だと、お伺いして思いました。

　また、尼崎信用金庫の例は、自身の組織だけではなく、家森先生をはじめ大学の機関の方々と人材育成に取り組まれていらっしゃいます。サステナブルファイナンス、もしくはサステナビリティの分野に関しては非常に専門家が少ないと言われているため、このようなアカデミアの力を借りて人材育成を行っている姿勢や、また、環境省をはじめとした様々な機関とも協業されていらっしゃるなど、組織外のリソースを活用されてうまく回されている点が、非常に好例だと、お伺いして思いました。

　われわれも持続可能性に資する事業を行っている事業会社の方々や、新たにインパクトを生み出そうとするスタートアップの方々にお話を伺う機会も幾つかあるのですが、そういった方々からは、長期的に取り組みたいことや、自分の従業員に対してこういったことを推進していきたいという思いを、金融機関の方とも共有したいというようなご意見を伺うことがあります。

　そこで、もしお時間があれば、今回、ESGの事業性評価を行われた際に、事業会社からは、「よくぞ聞いてくれました」という反応だったのか、「このようなことを聞かれて困った」という反応だったのか、実際の感触も伺えたらと思います。

家森：

　ありがとうございました。後ほど、作田理事長にお尋ねしてみたいと思います。
　それでは、続きまして、竹ケ原さん、いかがでしょうか。

竹ケ原：

　今日は非常に素晴らしい事例を2つ聞かせていただきまして、まずお礼を申し上げます。ロカベンの事例と、評価シートの事例と、それぞれきちんとツー

ルが有効活用できていることと、対話ができていることが、短いプレゼンの中からも十分伝わってきましたし、特に先ほどご説明した話ですが、経営者側の方がやっている意図せざる環境経営をきちんと引き出していて、そこを対話の材料にされていることがすごく印象的でした。

　新征テクニカルさんに関しては、その上でのリクエストといいますか、ご提案が一つあります。ベテランの方が持っていたノウハウ、いわゆる暗黙知を形式化するというのでしょうか、機械化して、生産性につなげていくというSTSの取り組みは素晴らしと思います。歩留まりの改善、生産性の改善、労働安全衛生の改善など、いろいろな効果があることもご説明頂きました。

　それぞれを分解して価値を可視化されていたのですけれども、もう一歩進んで、STSを使ったことで、この製品のライフサイクルCO_2がどうなったのかが気になります。おそらく、減少しているのではないでしょうか。そうすると、本業を通じたCO_2の削減として、総合的な効果として訴求できるかもしれません。こうした情報がダイフクさんにどこまで刺さるか分かりませんが、そういうアプローチもあるかなと感じました。

　あと、ドゥパック阪和さんも、CO_2の話をスコープ1、2、3で見た時にどうなのでしょうか。どうしても1、2の話に議論が収束しがちなのですが、恐らくパッケージの話では、メーカーの手を離れてから、収集して処理されるまでのCO_2は無視できないような気がしています。ひょっとすると将来大規模にやらなければいけないプラスチックリサイクルの話などのことまで考えると、メーカーとしてスコープ1、2の削減以上に何かできることがある気がしました。

　FSCの話は、自然資本への貢献、最近はTNFDが入ってきていろいろブームになっていますが、この辺の価値訴求もできるような気がします。まさしく、見える化された「意図せざる環境経営」のところを武器に使っていくと、この後、またさらにコンサルティングというか、提案につなげていけるのではないかというような感想を持ちました。どうもありがとうございました。

家森：

　竹ケ原さん、具体的なご提案までありがとうございました。続きまして、小立さん、お願いします。

小立：

　私がよくセミナーや講演、シンポジウムでお話しするのは、欧米の金融機関はこのような立派なことをやっています。だから日本の金融機関も頑張って真似をしてキャッチアップしていきましょうということなのですが、今日の一連のお話をお伺いして、尼崎信用金庫さんの取り組みは、海外にも誇れるような取り組みではないかと感じました。

　といいますのも、ヨーロッパの金融機関は、ESGに本格的に取り組んでいると言われていますが、実態を見ていきますと、取り組んでいる分野は特定の再生エネルギーであったり、トランジション関係であったりと限られているのです。一方で、尼崎信金さんの取り組みは、全てのお客さまへのESG対応につながるものでありますので、金庫全体、金融機関全体としての取り組みという点でとても評価できるのではないかと思います。

　また、非常に感銘を受けましたのは、海外の金融機関の取り組みを見ていると、どちらかというと、グリーンはグリーン、ソーシャルはソーシャルということで環境的インパクトと社会的インパクトを分けてESGビジネスを行っているように見受けられますが、尼崎信用金庫さんの場合には、ESGを一体的に捉えて、顧客企業に対してESG要素を評価して、課題を見つけて、ソリューションを提供しています。私もいろいろと海外の金融機関のESGビジネスを見るのですけれども、今まで見たことのないような事業性評価が行われているという印象を受けています。

　そうした観点では、欧米の金融機関から学ぶことは特にないのではないかというところなのです。ただ、1つ、先ほど金融庁の亀井さまが、インパクトファイナンスの文脈で、やはり新しい工夫もしていかなければいけないというお話しをされました。先ほど、私の話の中で、ブレンデッドファイナンスのことを

ご紹介させていただきました。恐らくこれからESG金融を提供するに当たって、もちろん本業の通常の融資の中でESGを実践していく方法もあると思いますが、新しいファイナンス形態を使いながらESGを実践していく可能性もあるのではないかと思っています。

特にブレンデッドファイナンスに関しては、環境省さんなどでは、脱炭素化の中で、それをどう活用しようかという議論も一部で進められていると聞いています。そうした新しい工夫をどのように進めていくのかということが、今後の課題として残されているように思いました。

以上です。

家森：

小立さん、どうもありがとうございました。続いて、須藤さん、お願いします。

須藤：

ありがとうございます。

今日は、私も具体的に新征テクニカルさんとドゥパック阪和さんの事例を伺いまして、何でこれだけ具体的に生きた対応ができているのだろうと、ずっと疑問に思っていたのです。まさに単にツールを提供するのではなくて、信用金庫の役職員の方たちが伴走支援されているところがキーなのではないかと思いました。

ただ、一方で、今後の課題として考えた場合に、中小企業はもとより信用金庫業界全体でいっても人材不足が出てきている環境に鑑みますと、やはりもう少し業界全体の人材の底上げをしていく必要があろうかと、私としては少し危機感も持っているところです。尼信の田中さんのプレゼンの中でも、営業店職員の周知・教育、それも各階層でいろいろな教育のインプットを徹底していることを伺いました。広く信用金庫において、中小企業の皆さまと一緒になって伴走して、GXに努めていくということであれば、やはり職員全体のレベルアップ・スキルアップは不可欠、しかも喫緊の課題と思っていました。

われわれ信用金庫業界ですと、業界内で独自のｅラーニングシステムがありまして、それでDXなど各種の取り組みに対して、知識や経験を共有できるような仕掛けがあります。それに加えて、人材育成について、先進事例や、具体的な優良取り組みを横展開していくことが重要と考えています。

その際には、今日、家森先生にもいろいろとお話を教示いただいていますけれども、大学における知見や研究などについても、われわれ信金業界の中でシェアさせていただきながら、広くGXについての人材育成なども強化していけたらと感じました。

以上です。

家森：

須藤さん、どうもありがとうございました。

尼信さんと、このプログラムを始める時に、ツールをつくることにしたのは、職員ごとに提供する品質がでこぼこになっていると、お客さまに迷惑をかけます。そういう意味で、やはり評価ツールは重要であると思いまして、ツールをつくるのに賛成をしました。そして、田中さんや俣野さんをはじめ共同研究のメンバーの皆さんでつくっていただきました。

ただ、つくる側になると、ついついあれも入れないといけない、これも入れないといけないのではないか、国際基準からはこれが必要なのではないかとなって、いろいろなものがどんどん入ってくるわけです。どんどんオーバースペックになっていきがちです。しかし、どこからも文句を言われないものが仮にできたとしても、これでは利用者の負担が大きすぎて、誰も使えませんとなってしまっては意味がないと思います。どこかで折り合いをつけないといけません。

折り合いをつけるのは、やはり現場の方が使えるか。お客さまがそれを見て、それを使った結果として勇気が出てくるようなものなのかということだと思います。お客様が「もうあかんわ」となってしまっては意味がなく、勇気が出てくるようなものでないといけません。そこのバランスをどう取るかというところが鍵になります。ですから、いったん作った評価ツールをどんどんチューニ

ングをしていく必要があります。また、最初に申し上げましたように、アンケート調査によると、お客さまによって取り組みの状況や問題意識はさまざまです。まさに中小企業は多様なので、1つのツールだけでは十分ではありません。現場の方に見ていただいて、入り口のお客様ならこのレベルの対応で、もう少し進んだお客さまなら、もう少し負荷の高いこれでという感じが現実的ではないかと考え、今日、田中さんからご説明があったように、3つのレベルの異なる対応ツールをつくっていただきました。

　それを、今度はお客さまがどう見るかということを知りたいと思いました。通常のシンポジウムですと、尼信さんの方が、「これをつくりました、お客様に喜ばれました」と発表するだけです。それでは、どうも信ぴょう性がないので、このシンポジウムを企画する時に、お客さまにも来てもらおうとご提案しました。作田理事長にいろいろお骨折りいただいて、今日は、実際におふたりの方に来ていただきました。

　これからも試行錯誤をしていく必要もあると思いますけれども、事業者のおふたりからは、尼崎信用金庫さんの評価ツールの実践事例に関しては、非常に好意的なご評価を頂きました。亀井さんから、こういうものをお客さまに見てもらうことになった時に、そのほかのお客さまの反応はどうでしたかというようなご質問もありました。その点も含めて、作田理事長、これまでの皆さんの期待や評価を聞いて、これまでの取り組みについて振り返っていただけますでしょうか。

作田：

　ありがとうございました。私が個人的に思っている以上に、皆さま方から大変温かいお褒めのお言葉をいただき、恐縮しているところです。

　初めに、金融庁の亀井さんからお問い合わせのあった、お取引先の反応の件です。冒頭のあいさつ、それから先ほども少し触れましたけれども、こういう取り組みは、やはり価値観の共有ができているかどうかは非常に重要な点だと思うのです。当然、支援機関の皆さんともそうではありますけれども、実はお

取引先との価値観の共有もできているかどうかということで、今回いろいろとお話をさせていただいて、発表いただいた2社については、日頃からそういうコミュニケーションがしっかり取れているお取引先であることがまず大前提になると思います。

こういう分野のお話をさせていただいて、なかなか反応の良くない企業さんは当然おありになって、そういうところと時間をかけて話しても、それほど有意義な時間にはならないと思いますので、そこはある程度めりはりをつけてコミュニケーションを取らせていただいています。そういう意味では、同じ価値観を共有していただいている企業の皆さんにお声がけをさせていただいて、解決策を探っていくことが、今のわれわれが取り組んでいる姿だと思っています。それが今の答えになろうかと思います。

それでは、一応、私なりの振り返りも含めて、少しお話をさせていただきたいと思います。今日、いろいろお話もさせていただいた中で、もともと私ども信用金庫の取り組みは、やはりフェース・トゥ・フェースがまず第一番です。特に事業性評価の取り組みに求められますのは、いかにお取引先の懐にしっかりと飛び込んで信頼関係の構築ができるかということだと思っています。日頃から、私どもの職員の皆さんには、自分たちの都合で動くのではなく、お客さまの事業に正面から向き合ってしっかり取り組んでいくようにと繰り返し伝えています。

今回の取り組み事例の中でも、ESGに係るローカルベンチマーク、あるいは事業性評価シートを活用した事例を発表させていただきました。お取引先それぞれにやはり課題があって、それぞれの企業文化や、あるいは経営者の方々と従業員の方々との関係性のようなものも含めまして、われわれが今回取り組みを進めていく中で、新しい気付きがあって、その気付きを把握しながら、理解しながら、より踏み込んだ取り組みに進めていったということだと思います。実は、これが非常に重要なことだと思っています。

従来からの信用金庫としてのアプローチの仕方があって、それがだんだん時代の変化とともに少しずつアレンジをしていかなければならないということだ

と思います。実はそうした取り組みというのは、われわれ自身のレベルアップにも実際につながってきていると感じています。

　今回、発表いただいた2社の皆さんは、日頃から大変よく存じ上げている先でありましたので、今日も私はこの発表をお聞かせいただいて、やっておられることが本当に手に取るように伝わってくるような印象を受けました。お取引先とのちょっとした言葉のキャッチボールから、われわれ自身が何かを気付き、それをお客さんにまた提案して、それを次の支援策につなげていくという動きができれば理想的だと思います。

　ただ、こういうベースの部分の取り組みは、実は信用金庫が昔からやってきたことでもあると思うのです。取引先のニーズの変化にわれわれがどう対応していけるかがこれからのテーマだとすれば、その答えは、われわれ自身がいかにレベルアップしていくかということになってきます。われわれの努力いかんによっては、どちらにも振れていくということなのかもしれないので、そのあたりについては非常に責任感を感じながら取り組んでいければと思っています。

　一度少し振り返るという意味で、5年前ぐらいを振り返ってみます。当時のわれわれ信用金庫が取り組んでいた内容を考えますと、コロナ前ということもありましたので、コロナを受けて劇的な変化があったとはいえ、例えばカーボンニュートラルやDXなどのテーマに関する課題認識のレベルや、お客さまに対する支援メニューの引き出しの数は、今とは全く比べものにならないぐらいレベルが低かったのではないかと思っています。

　そう考えますと、これから3年から5年先ぐらいを考えて、時間が経過していく中で、恐らく世の中の変化はこれまで以上に速いペースで変化していくと思いますので、こういう変化にわれわれ金融機関がどう対応していけるのかということだと思います。そして、今のカーボンニュートラルやDXなどのテーマも、実は3年、5年たった時には全く違う課題が現れてくるということになってくると思いますので、そうした中で、金融機関として、実際に何ができるのかということです。

　繰り返しになりますけれども、単にESGに関する商品をご提案したり、ツー

ルのご提供をするだけでは、恐らく金融機関としては取り残されてしまうのではないかと思っています。課題や対応策が多い分野であればあるほど、一夜漬けでの伴走支援は恐らくできないと思っていますし、単独で対応するには非常に難しい分野であるというのは、先ほども亀井さんからもアドバイスいただきました。そういう分野であるからこそ、価値観の共有ができる連携先と日頃から信頼関係をしっかりと構築して、そういうタッグをいかに組んでいるかというのが、これからのわれわれの生きる道なのかと思っています。

こういう環境の中で、地域金融機関でありますわれわれがしっかり取り組んでいく、しかもその地域金融機関の中でも協同組織金融機関である信用金庫として、リーダーシップを取って、地域の中でしっかりと取り組んでいければと思っています。引き続き、皆さまにサポートいただきながら頑張っていきたいと思っています。

私からは以上です。

家森：

作田理事長、どうもありがとうございました。残り時間がわずかになってまいりました。

最後に皆さんにお願いしたいこととして、このようなことを考えています。作田理事長がおっしゃっていたように、神戸大学経済経営研究所と尼崎信用金庫さんとでは、2年かけて、信用金庫さんの評価シートを、まず信用金庫さんの組織の中で浸透させ、そこで揉んでいきながら良いものにしていこうとしてきました。昨年度末あたりから、少しそれを横展開することを考えています。他の金融機関の皆さんにも活用していただきながら、経験を積めば、より良いものができるはずです。実際にいいものだとすれば、より広いお客さまに伝えることで、地域全体を盛り上げていけるのではないかと考えていました。

もう始まっていますけれども、これからの2年間、尼信さんと私達は、この取り組みを続けるということにしています。これからの2年間では、できれば県内あるいはより広い地域の金庫さん、あるいは銀行も含めた他の金融機関さ

んにも賛同していただいて、取り組みを進めていきたいと思っています。ただ、作田理事長がおっしゃっている言葉を借りれば、連携する先と価値観を共有できないと協働は難しいですので、事業性評価でしっかりお客さんを見ているような金庫さんなどと組みながら、この事業をやっていきたいと思っています。

そういう観点で、残り時間を使って、登壇者の皆さま方の立場から、今、私が申し上げているような取り組みを進めていく上での助言や、今の流れをさらに加速させるために関係者に期待するところ、これは地域の金融機関の方々でも結構ですし、私や尼崎信用金庫さんに対してでも結構ですので、お話しいただきたいと思います。

それでは、最初に、竹ケ原さん、お願いします。

竹ケ原：

ありがとうございます。繰り返しになってしまいますけれども、地域ESG金融独特の難しさは、地域資源としての取引先の強みをきちんと引っ張り出して、これを形にしていく部分にあると思います。これはESG投資にはありません。ESG投資では放っておいても、企業の方から「これを見てくれ」と言ってきます。ESG地域金融はそうではなく、見いだす努力が求められます。一個一個違うわけです。それがきちんとできているということは、先ほどご説明にもあったように、やはり本部と現場との連携というのですか、実行、課題整理という言葉で語っていらっしゃいましたけれども、ここの関係性がよくできているからこそだと思うのです。

理事長がおっしゃったように、点から線になったというお話はそのとおりだと思うのですけれども、これから今度はこれが組織を超えて横展開していくとなりますと、線から面になっていくような気がします。これが尼信さんを起点として、そういうノウハウが、尼信さんの本部と現場で構成されたように、尼信さんと連携先の金融機関との間でも、こうやって価値を見いだして、こうやって伴走支援していくというノウハウが連携できるようになってくると、これはもうこの地域固有の強みになってきて、恐らく日本の他の地域に誇る、あるい

は、先ほど小立さんがおっしゃったように、世界に誇るケースになる気がします。

　1つだけご報告しておくと、2023年のESG地域金融の案件の審査をやっていて、これは家森先生もご記憶だと思うのですけれども、ハイライトが1つありました。先ほど、亀井さんのご説明にもあったインパクトファイナンスでも先頭を走っている銀行に静岡銀行さんがいらっしゃるのですけれども、これが実はインパクトチームだけの話だと、なかなか行内にうまく広がっていかないという話の中で、行内で議論して、事業性評価と連携させることで、インパクトで得られたノウハウが行内展開できるのではないかという議論になったそうです。

　そこで、では事業性評価はというと、尼信さんが先行しているというか、コミットされていることが分かったので、尼信さんと静岡銀行さんで話をしたらもっといいのではないかという話になりました。オンライン上ではあったのですが、ある意味で、ESG地域金融のトップクラスの2行が具体的な議論をされ始めていたのです。

　こういう展開は素敵だなと思いますし、これがむしろこの兵庫県あるいはこのエリアで横展開されるのだとしたら、これが次の2年間にどういう効果を生み出すのかというのは、ぜひご拝見したいと思いました。

　以上です。ありがとうございました。

家森：

　ありがとうございました。続きまして、小立さん、お願いします。

小立：

　ESG課題や、社会的な課題に対応することを主目的とする銀行として、先ほどソーシャルバンクやサステナブルバンクの話をさせていただいたのですが、バリュー・ベースド・バンクとも呼ばれており、価値観に依拠する銀行として海外においても認識されているということです。先ほど、作田理事長さまが、価値観の共有が大事だとおっしゃっていましたけれども、横展開という上では、

この価値観の共有が一番の肝になるのではないかと感じました。金融機関同士がお互い切磋琢磨しながら、協力して、より良い仕組みをつくり上げていくような方向になれば、とても望ましいことではないかと思いました。

　また、横展開ということでタイミングはいろいろあると思うのですが、こうした極めて優れた事例は、むしろ金融庁さまがということなのかもしれませんが、海外にアピールしていくことも非常に大事なのではないかと感じました。日本の場合、特に金融の世界ですと、情報の取り込み方として、欧米で起きていることを取り入れることが、一般に行われているわけです。逆に日本から優れた取り組みとして情報発信していくことも非常に大事なことではないかと感じました。

家森：

　ありがとうございました。私の個人的な感想で言えば、日本の金融のことを韓国や台湾の人たちは、すごく関心を持って勉強していらっしゃって、私のところにも韓国の方から、日本の金融のことをレポートしてくれというリクエストが来ました。世界中で、やはり中小企業をどう支えるかは重要な課題ですし、世界中のどこの国へ行っても、働いている方の多くは中小企業で働いているという実態にあるものですから、そこでの支援の在り方は、多分、世界中が関心を持ってもらえるのではないかと思いながら聞いてきました。

　それでは、金融庁の亀井さん、お願いします。

亀井：

　先ほど小立さんや竹ケ原さんがおっしゃっていた、世界に発信していくことについて、庁内で国際的なやり取りをしている部門に聞いた印象では、地域金融機関がCO_2の排出量の算定を中小企業に対してサービスを展開している、というような中小企業に関連した事例を紹介すると海外からは驚かれることが多いようです。

　また、今回の取り組みを通じ、様々な事業会社のESGに関する情報も蓄積

されてきているのかなと思いますので、例えば家森先生にこのような情報を分析していただいて、その内容を論文などでご発表いただく、といった期待も感じました。

先ほどからも何回か話題に出ている人材育成に関しては、金融庁としてアンケートを取るなど、金融機関の困っている声を聞いています。今後に向けては、本日伺ったような金融機関内での取り組みを外にも発信できるような職員の方々や、今回ご発表いただいたような具体的な事例が増えていくことを、期待したいと思っています。

家森：
どうもありがとうございました。それでは、続きまして、須藤さん、お願いします。

須藤：
ありがとうございます。

今日、ドゥパック阪和の堂野さんのお話を伺っていて、社内で意識せずに実施していたことが、実はESGの取り組みにつながっていたと伺いました。われわれ信用金庫業界は、SDGs、SDGsと言っているのですけれども、まさに時代が信金についてきているというか、信用金庫はもともとSDGsに資することをやってきていると自負しているのです。そういう言葉が現れてきたので、何か新しいように思えるのですけれども。

なぜそうなのかということをひもとくと、先ほど作田理事長もお話しされていましたが、やはり協同組織性というのは大きいと思っています。相互扶助の理念にのっとるということで、利益の最大化、収益の最大化を図ることがゴールではなくて、やはり地域や中小企業が幸せになる、発展するということについて貢献することが一番のゴールであるところが、一番大きい話かなと思っています。

ついては、今回の尼信さんの取り組みに学んだような事例は、まさに信用金

庫同士のネットワークをうまく活用して、先行事例や優良事例を広く共有して、それを点から線、線から面にしていくのが、われわれ信金中金が求められている機能そのものです。そこは今後、われわれとしてもより意識して、尼信さんのサポートを頂きながら進めていけたらと思っています。

それから、もう１点、小立さんも含めて、協同組織の話、海外の話もありましたけれども、海外でも、ESGやSDGsに取り組んでいる金融機関の多くは協同組織金融機関です。例えばオランダですとラボバンク、ドイツですとDZバンク、あるいはフランスですとクレディ・アグリコルです。その根っこの部分は、やはり地域が幸せになるということに対して取り組んでいくところがあると思います。

世界レベルでそういう協同組織のネットワークやコミュニティなどもあります。われわれとしては、広く海外の金融機関にも日本の地域金融機関である信用金庫が取り組んでいる成功事例、先進事例を発信して、信用金庫業界全体のプレゼンスの向上と、できれば日本全体に対するプレゼンスやリスペクトを高めていくような努力を進めていけたらと、改めて思いました。

以上です。

家森：

どうもありがとうございました。それでは、最後に、作田理事長、お願いします。

作田：

本日は本当にどうもありがとうございました。皆さまから頂いた貴重な意見を今後の取り組みでしっかりと生かしていけたらと思っています。

冒頭、あいさつの中でも申しましたが、尼信として取り組む、新しい信用金庫のビジネスモデルをつくっていこうということを１つの目標にやっているわけです。少しずつそれが形になりつつあるのかなと思っていまして、さらにこの取り組みを強化していきたいとも思っています。

それで、横連携の話についてですが、今、兵庫県の信用金庫協会には11金

庫ありますから、11金庫の皆さんといろいろな情報の共有もしながら、使っていただける部分は使っていただく、もし、考え方の部分で参考にしていただけるのであれば、ぜひ取り入れていただけたらと思っていますし、近畿地区の29金庫の中でも共有できるところはどんどんわれわれとしても提供していけたらと思っています。これはどれぐらい時間がかかるか分かりませんけれども、先ほどから出ている価値観を共有いただけるというか、同じ思いを持って取り組んでいただけるものであれば、どんどん活用していただけたらと思っています。

　昨年、環境事務所さん、近経局さん、財務局さんのほうで、近畿地区の、多分ほとんどの金融機関を回られたのではないでしょうか、インタビューをされて、その内容を各ホームページにアップされています。そのインタビューに来られた時に、ある方からご質問があって、尼信さんはこれにそれなりに人を張り付けて、費用もかけて、尼信さんなりのノウハウがここにできてきていますよねと。これを他の信用金庫さん、金融機関にオープンにすることは、それでいいのですかという話がご質問の中でありました。

　私はそれは全然オッケーで、逆にどんどん使って欲しいと言いました。尼信の今で言う事業性評価の切り口というのは、尼崎信用金庫としてのこれまでの取り組みの中で出てきたものなので、尼信なりの使い方を今はしています。同じ考え方、同じペーパーを他の信用金庫さん、他の金融機関さんが仮に使ったとしても、多分、同じ提案にはならないと思うのです。

　その心は何かというと、やはりそれぞれの金融機関が今までやってきた歴史があったり、そこの地域性があったり、職員の皆さんの考え方があったり、そういうものがあって、そこの金融機関の取り組みスタンスというものが出てくると思います。同じペーパー、同じ内容を提案したとしても、提案の仕方が違う、伝え方が違うなど、お客さんとのこれまでのお付き合いの関係もあって、お客さんがAという信用金庫とBという信用金庫から提案される内容の受け止め方が違うなど、いろいろな違いが出てくると思います。それはそれで私は非常にいいと思うのです。地域性もあったり、金融機関の特色があって、そういう

ものをどんどん発信していくということだからです。

　ただ、一番大事なのは、地域のため、お客さんのために、自分たちがどうできるのかというスタンスでやっていくことだと思っています。こういう取り組みに資するものであれば、われわれとしたら、どんどんいろいろな金融機関に使ってほしいというのが、今の私の気持ちであります。この取り組みのスタンスというのは、これからもしっかり続けていけたらと思っています。引き続き、多くの支援機関の皆さんといろいろと連携をしながら取り組んでいけたらと思っていますので、引き続きどうぞよろしくお願いします。

　本日は誠にありがとうございました。

家森：

　どうもありがとうございました。

　私も最後に少しだけコメントさせていただきます。去年のシンポジウムでも少しお話をしたのですけれども、ESGの取り組みを単体で取り上げるのではなくて、やはり事業性評価としっかりマッチさせることが必要です。これはもともと尼信さんに共同研究のお話を持っていった理由です。

　今日はまだ結果をご紹介できませんが、信金中金さんと今やっているアンケート調査によると、金融機関との間できちんと関係ができているような時に、企業はこのESG関係の相談をしたいと思います。そういう関係がないと、結局、地域金融機関に対していろいろなことを相談してくださらないのです。

　相談をしてもらえる関係をつくって、さらに、今日、竹ケ原先生からもありましたように、企業は自分のことをよく分かっていてくれる金融機関なら、刺さる提案をして返してくれると思うのです。だから時間をかけてお話をしたいと思うのです。そうでないと、お話をしても企業の方にとって無駄なのです。わかっていない金融機関だと、話をしても全然違う話が来たり、別の販売のためのパンフレットが送られてくるだけになります。それでは、むしろ面倒くさくなるだけです。やはり「私の本当の状態を知っていてくれるから、これを聞いてみよう」、あるいは、「私の本当の状態を知っているから、こういう提案を

もらえるのだろう」ということになって初めて、真面目に提案書を読もうという関係になるのです。ESGのところだけを取り出して、ESGをやりましょうということでは、なかなかうまくいかないだろうと思います。

　伝統的に積み重ねられてきている、先ほど価値観と申しましたが、お客さまをしっかり見ようと、お客さまをしっかり応援しようというような姿勢があるところしか、私は生き残れないと思っています。そうした金融機関がこれから伸びていくには、さらに新しい環境に合わせたいろいろなノウハウ、ツールを展開していくことが必要です。例えば、尼信さんの取り組みのように、新しいESGを加味した、ローカルベンチマークのようなものをつくることになっていくと思います。

　これを横に展開すると先ほど作田理事長はおっしゃっていますが、一般の方からしたら、せっかくつくったのだから、これを抱え込んでおいたほうが得ではないかと感じられるかも知れません。実は、これを使っていくことによって、いろいろな新しいことが分かってくるわけです。最近AIがすごく発達しましたが、どれだけデータを持ってくるかによってAIの精度が上がります。同様に、どれだけたくさんのお客さんの事例を積み重ねてくるかによって、今の評価シートの運用の仕方もよりよくなっていきます。その意味でいうと、尼崎信用金庫さんにとってもウィンウィンにできるのではないかとも、これは私が学者だからかもしれませんけれども、期待をしています。

　本当はまだいろいろご議論するために時間を取りたいところでありますが、終了予定時間になってしまいました。

　本日の講演およびパネルディスカッションについては、神戸大学経済経営研究所の研究叢書として発行する予定でいますので、出版の節にはそれをご覧いただき、本日の議論を振り返っていただければ幸いです。

　それでは、パネルディスカッション「ESG地域金融普及の課題」を終了したいと思います。どうも皆さま、ご清聴ありがとうございました。

荒木：

　パネリストの皆さま、ありがとうございました。

　最後に、主催者を代表しまして、北野重人神戸大学経済経営研究所長から本日のお礼を申し上げます。

北野：

　本日のシンポジウムいかがでしたでしょうか。登壇いただいた先生方の講演やパネルディスカッションもさることながら、ご紹介いただいた実践事例報告は、なかなか他では聞くことができない貴重なものだったのではないかと思います。作田理事長をはじめ尼崎信用金庫の関係者の皆さま、また、新征テクニカルの與那嶺さま、ドゥパック阪和の堂野さま、ご協力に大変感謝申し上げます。ありがとうございました。

　こういった地域の企業のESG対応は、非常に重要ではありますが、人材、ノウハウや資金が必ずしも十分ではないという企業も多いと思います。そこで、地域金融機関や、信用保証協会、自治体や国などが連携して支援していく必要があると思います。本シンポジウムが、そうした取り組みの一歩となりますことを願っています。

　今回のシンポジウムは、尼崎信用金庫さまと当研究所との2年間の共同研究の成果発表としての性格を持っています。パネルディスカッションの中でもご紹介がありましたように、取り組みの深掘りや横展開を行っていくために、本年から新たに2年間の共同研究を開始しています。当研究所では、尼崎信用金庫さまのほか、兵庫県庁、兵庫県信用保証協会、株式会社F&M、野村資本市場研究所さまとも共同研究や受託研究を実施しています。

　また、昨年4月には、家森教授をセンター長とする地域共創研究推進センターを設立しました。地域の金融機関や団体さまとの共同研究を推進していきます。ご参加の皆さまにおかれましても、当研究所との共同研究にご関心がおありでしたら、ご相談いただければと思います。

　最後になりますが、足元が悪い中、ご来場いただいた皆さま、また、長時間ウェ

ビナーをご覧いただいた皆さまに、心よりお礼申し上げます。今後とも、当研究所の取り組みにご支援いただきますように、よろしくお願いします。本日はどうもありがとうございました。

神戸大学経済経営研究所地域共創研究推進センター
神戸大学社会システムイノベーションセンター
神戸大学経済経営研究所主催　公開シンポジウム

神戸大学・尼崎信用金庫 共同研究成果発表
「ESG地域金融がつくる中小企業の輝く社会」

2024 5/13 月
13:30 - 17:00
会場：神戸大学出光佐三記念六甲台講堂
ハイブリッド開催
定員：先着150名（対面）
　　　先着300名（オンライン）
締切：5月10日（金）

地域金融機関の事業性評価において、必ずしも環境や社会の観点を取り込めていませんでした。しかし、近年、環境や社会の要因が企業経営の制約となるとともに、新しいビジネスチャンスにもなっており、ESG地域金融に取り組むことが求められています。
本シンポジウムでは、神戸大学経済経営研究所の協力のもと、尼崎信用金庫が環境省の補助事業として実施してきた取り組みを紹介し、今後の地域金融の在り方を考えます。

神戸大学 & 尼崎信用金庫

Program

総合司会　荒木 千秋　／大阪電気通信大学メディアコミュニケーションセンター特任講師・神戸大学経済経営研究所 非常勤講師

▶ 13:30-13:40　主催者挨拶　作田 誠司　／尼崎信用金庫 理事長

▶ 13:40-14:15　基調講演
① 「中小企業にとってのESG地域金融」
　家森 信善　／神戸大学経済経営研究所 教授・同地域共創研究推進センター長
② 「地域金融機関におけるサステナブルファイナンス推進の現状と課題」
　亀井 茉莉　／金融庁総合政策局総合政策課 サステナブルファイナンス推進室 課長補佐

▶ 14:15-14:30　取り組み報告
「尼崎信用金庫のESG要素を考慮した事業性評価・支援による地域ESG推進モデルの取り組み」
　田中 直也　／尼崎信用金庫 価値創造事業部 部長

▶ 14:30-15:00　評価シートを活用した実践事例報告
① 與那嶺 まり子　／株式会社新征テクニカル 代表取締役社長
　本吉 剛　／尼崎信用金庫 潮江・尾浜グループ統括支店長 兼 潮江支店長
② 堂野 起佐　／株式会社ドゥパック阪和 執行役員
　樋口 哲也　／尼崎信用金庫 平野支店長

〈休憩〉

▶ 15:20-16:50　パネルディスカッション　司会 家森 信善
「ESG地域金融普及の課題」
パネリスト（50音順）
　亀井 茉莉　／金融庁総合政策局総合政策課 サステナブルファイナンス推進室 課長補佐
　小立 敬　／野村資本市場研究所 主任研究員
　作田 誠司　／尼崎信用金庫 理事長
　須藤 浩　／信金中央金庫 副理事長
　竹ケ原 啓介　／株式会社日本政策投資銀行設備投資研究所長・神戸大学経済経営研究所 客員教授

▶ 16:50-17:00　主催者挨拶　北野 重人　／神戸大学経済経営研究所長

学内マップ

最寄り駅から
阪神御影駅、JR六甲道駅、阪急六甲駅から神戸市バス36系統
「鶴甲団地行」または「篠原丁目止まり行き」乗車、「神大正門前」バス停下車
※ご来場の際は公共交通機関をご利用ください。

お申込み方法　参加をご希望の方は、以下に記載の【WEB申込みフォーム】によりお申込みください。
【WEB申し込みフォーム】は神戸大学経済経営研究所のホームページトップにあるお知らせからもリンクしています。
　神戸大学経済経営研究所　検索　WEB申込みフォーム　https://www.ocans.jp/kobe-u?fid=TsJTr_nF

お申込み窓口　神戸大学経済経営研究所「公開シンポジウム」担当　E-mail　sympo@rieb.kobe-u.ac.jp
〒657-8501 兵庫県神戸市灘区六甲台町2-1　　　※お電話でのお申し込み・お問い合わせはご遠慮ください。

申込みフォームは
上記QRコードから

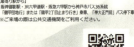

主催　神戸大学経済経営研究所、尼崎信用金庫、神戸大学社会システムイノベーションセンター
後援　アジア太平洋研究所、尼崎市、尼崎商工会議所、大阪銀行協会、近畿経済産業局、近畿財務局、近畿地方環境事務所、神戸商工会議所、信金中央金庫、兵庫県、兵庫県信用保証協会

登壇者プロフィール　(50音順)

荒木 千秋（あらき ちあき）：神戸大学経済経営研究所 非常勤講師
　　　　　　　　　　　　　　　　大阪電気通信大学メディアコミュニケーションセンター特任講師

2006年武庫川女子大学文学部卒業。2023年 神戸大学経済学研究科 博士課程修了（経済学博士）。三井住友銀行入行、三菱東京UFJ銀行（現三菱UFJ銀行）を経て、2016年 荒木FP事務所を立ち上げる。2018年～2022年大阪電気通信大学金融経済学部特任講師。
現在は、大阪電気通信大学において、情報基礎科目/PLB型キャリア形成科目を担当。これまでに、日本FP学会審査員賞(2014年)・大銀協フォーラム研究支援特別賞(2020年)を受賞。著書として、『「不安なのにな～んにもしてない」女子のお金入門』（講談社 2019年）がある。

亀井 茉莉（かめい まり）：金融庁総合政策局総合政策課
　　　　　　　　　　　　　　サステナブルファイナンス推進室 課長補佐

慶應義塾大学総合政策学部卒業。国内運用会社の株式運用部にて、セクターアナリストとして自動車、食品、医薬・介護等のセクターを担当し、社内の責任投資への取組み推進や議決権行使対応にも従事。その後、事業会社での新規ビジネス立上やマーケティング支援等の経験を得て、2022年12月金融庁に入庁。地域のサステナブルファイナンスや人材育成、サステナビリティ投資商品等を担当。
全国銀行協会の高校生向け教材「はじめてのサステナブルファイナンス　金融の力で地球のピンチを救おう！」(2022年) を監修。

北野 重人（きたの しげと）：神戸大学経済経営研究所長・教授

2003年 名古屋大学大学院経済学研究科 博士課程修了。博士（経済学）名古屋大学。名古屋大学大学院経済学研究科助手、和歌山大学経済学部准教授、神戸大学経済経営研究所准教授などを経て、2014年より神戸大学経済経営研究所教授。2021年 経済経営研究所副所長、2023年より同所長。
専門は、国際金融・国際マクロ経済学。編著書に、『Global Financial Flows in the Pre- and Post-global Crisis Periods』(Springer 2022年)、『マクロ経済学』（東洋経済新報社 2016年）などがある。

小立　敬（こだち けい）：野村資本市場研究所主任研究員

1997年3月慶應義塾大学経済学部卒業。同年4月に日本銀行入行。考査局・信用機構室（現金融機構局）、金融庁監督局金融危機対応室（出向）等を経て、2006年に野村資本市場研究所に入社。
専門は国際的な銀行規制、資本市場規制。
現在、サステナブル・バンク、ソーシャル・ファイナンスについて研究。著書に『地方創生に挑む地域金融』（共著 金融財政事情研究会、2015年）、『巨大銀行の破綻処理』（金融財政事情研究会、2021年）など。

作田　誠司（さくだ せいじ）：尼崎信用金庫 理事長

1963年 兵庫県生まれ。関西大学商学部卒業後、1985年4月に、尼崎信用金庫に入庫。総務部専門部長 兼 総務部秘書課長、監事付専門役、けま・宝塚各支店長、秘書室長、総合企画部長などを歴任。2011年7月に執行役員・総合企画部長、2012年6月に理事執行役員、2015年6月に常務理事執行役員、2016年6月に理事長に就任し、現在に至る。
また、現在、兵庫県信用金庫協会・会長、近畿地区信用金庫協会・副会長、信金中央金庫・理事などを兼務している。

須藤　浩（すどう ひろし）：信金中央金庫 副理事長

1987年 全国信用金庫連合会（現 信金中央金庫）入庫。主に海外業務、運用業務、企画業務に従事。2003年 信金インターナショナル（株）（英国法人）代表取締役副社長、2005年 同社代表取締役社長就任。2007年 秘書役、2009年 総合企画部長を経て、2013年 理事・大阪支店長、2016年 常務理事、2018年 専務理事、そして2022年 副理事長（現職）就任。常務理事就任以降、海外・運用・企画業務のほか、DX、HR および SDGs を統括。
学習院大学法学部卒業。Henley Business School（現 University of Reading, Henley Business School）修了。慶應義塾大学大学院経営管理研究科修了。

竹ケ原 啓介(たけがはら けいすけ)：株式会社日本政策投資銀行設備投資研究所長 /
神戸大学客員教授

1989年3月 一橋大学法学部卒業。同年4月 日本開発銀行（現㈱日本政策投資銀行）入行。2005年4月 フランクフルト首席駐在員、2011年5月 環境・CSR部長、2017年6月 執行役員産業調査本部副本部長 兼 経営企画部サステナビリティ経営室長を経て、2023年6月より現職。

環境省「地域におけるESG金融促進事業 意見交換会」座長（2018年〜）、同「中央環境審議会（総合政策部会）」臨時委員（2019年〜）、同「脱炭素先行地域評価委員会」座長（2022年〜）、内閣府「地方創生SDGs金融調査・研究会」副座長（2019年〜）国土交通省「不動産分野の社会的課題に対応するESG投資促進検討会」座長（2021年〜2022年）、経済産業省「非財務情報の開示指針研究会」委員（2021年〜）、同「トランジション・ファイナンス環境整備検討委員会」委員（2021年〜）などの公職を務める。

編著書に、「サステナブルファイナンスがよくわかる講座」（共著 きんざい2022年）、「ESG金融実践のためのSDGs入門講座」（共著 きんざい2019年）、「再生可能エネルギーと新成長戦略」（共著 エネルギーフォーラム2015年）、「責任ある金融 評価認証型融資を活用した社会的課題の解決」（共著 金融財政事情研究会 2013年）など。

田中 直也(たなか なおや)：尼崎信用金庫 価値創造事業部 部長
兼 法人ソリューショングループ長

関西大学経済学部卒業後、1995年4月に尼崎信用金庫に入庫。石橋・昭和町・園田・阪神西宮・大国町・潮江支店長などを歴任。
2021年7月 ソリューション推進部長、2022年7月価値創造事業部部長 兼 法人ソリューショングループ長に就任し、現在に至る。

堂野 起佐（どうの きさ）：株式会社ドゥパック阪和 執行役員

1994年大阪府生まれ。2017年武庫川女子大学生活環境学部情報メディア学科卒業。
ニッチトップの大阪府の中小企業に入社。2020年、家業であるドゥパック阪和・シェルパックへ入社。2022年、執行役員に就任。
現在は、企画販売を担うシェルパックでは、従来の常識にとらわれない新しい【袋】の在り方を見つけ「袋の価値を高める」ことに取り組んでいる。袋で社会課題を解決する取組に注力している。

樋口 哲也（ひぐち てつや）：尼崎信用金庫 平野支店長

日本文理大学経済学部卒業後、1994年4月に尼崎信用金庫に入庫。六甲、門真、東大阪、潮江・尾浜グループ統括、豊中島江、立花・北難波兼任支店長を歴任。2022年10月平野支店長に就任し、現在に至る。

本吉 剛（もとよし つよし）：尼崎信用金庫 潮江・尾浜グループ統括支店長
　　　　　　　　　　　　　　　兼 潮江支店長

関西大学経済学部卒業後、1998年4月に尼崎信用金庫に入庫。打出、西宮、神戸支店長を歴任。2021年7月審査第一部長、2023年7月潮江・尾浜グループ統括支店長兼潮江支店長に就任し、現在に至る。

家森 信善(やもり のぶよし)：神戸大学経済経営研究所 教授・
　　　　　　　　　　　　　同地域共創研究推進センター長

1986 年 滋賀大学経済学部卒業。1988 年 神戸大学大学院経済学研究科 博士前期課程修了。
名古屋大学大学院経済学研究科教授、名古屋大学総長補佐などを経て、2014 年より神戸大学経済経営研究所教授および名古屋大学客員教授。2016 年 経済経営研究所副所長、2021 年 同所長（～2023 年）。2023 年 神戸大学経済経営研究所地域共創研究推進センター長。
経済学博士。神戸大学社会システムイノベーションセンター副センター長（2016 ～ 2019 年）。専門は、金融システム論。これまでに、中小企業研究奨励賞・本賞（2005 年）、日本 FP 学会最優秀論文賞（2015 年）など受賞。

現在、日本金融学会常任理事、日本保険学会理事、日本FP学会理事、日本経済学会代議員、日本学術会議連携会員などの学会役員の他、財務省財政制度等審議会委員、中小企業庁中小企業政策審議会臨時委員（金融小委員会委員長）、国土交通省独立行政法人住宅金融支援機構業務実績評価有識者会合委員、地域経済活性化支援機構（REVIC）社外取締役、兵庫県信用保証協会運営等有識者会議委員長、大阪府国際金融都市OSAKA推進委員会アドバイザーなどの公職を務める。これまでに、金融庁参与、金融庁金融審議会委員などを歴任。また、愛知県信用保証協会外部評価委員会委員、アジア太平洋研究所上席研究員、名古屋証券取引所アドバイザリーコミッティー委員、日本貸金業協会副会長なども務めている。編著書に、『ベーシックプラス　金融論　第 3 版』（中央経済社 2022 年）、『信用保証制度を活用した創業支援』（中央経済社 2019 年）、『地域金融機関による事業承継支援と信用保証制度』（中央経済社 2020 年）、『ポストコロナとマイナス金利下の地域金融』（中央経済社 2022 年）などがある。

與那嶺 まり子(よなみね まりこ)：株式会社新征テクニカル 代表取締役社長

学校卒業後会社勤務を経験し、21 歳で父親が経営する同社へ入社。急逝した父親からの経営を引継いだ母親を支えながら会社を守り、2015 年に代表取締役に就任。
2004 年豊中市庄内宝町から現在の尼崎市西長洲へ移転。
2020 年「ひょうご中小企業技術経営力評価制度」において優良企業認定。2021 年「兵庫県成長期待企業」に選定。

〈執筆者紹介〉

家森信善	神戸大学経済経営研究所教授・同地域共創研究推進センター長	編者・第1章、第3章、第5章
尾島雅夫	神戸大学経済経営研究所非常勤講師	第1章、第2章
阿向賢太郎	持続可能地域士	第2章
西尾正平	行政書士	第2章
亀井茉莉	金融庁総合政策局総合政策課サステナブルファイナンス推進室課長補佐（当時） 富国生命投資顧問株式会社株式運用部アナリスト	第3章、第5章
田中直也	尼崎信用金庫価値創造事業部部長	第3章
與那嶺まり子	株式会社新征テクニカル 代表取締役社長	第4章
本吉 剛	尼崎信用金庫 潮江・尾浜グループ統括支店長 兼 潮江支店長	第4章
堂野起佐	株式会社ドゥパック阪和 執行役員	第4章
樋口哲也	尼崎信用金庫 平野支店長	第4章
小立 敬	野村資本市場研究所主任研究員	第5章
作田誠司	尼崎信用金庫理事長	第5章
須藤 浩	信金中央金庫副理事長	第5章
竹ケ原啓介	株式会社日本政策投資銀行設備投資研究所長（当時） 神戸大学経済経営研究所客員教授	第5章

持続可能な社会へ向けた
事業性評価の深化
信用金庫の実践と挑戦

2025年3月21日　初版第1刷発行

編者────家森信善（やもりのぶよし）

発行────神戸大学出版会
〒657-8501 神戸市灘区六甲台町2-1
神戸大学附属図書館社会科学系図書館内
TEL 078-803-7315　FAX 078-803-7320
URL: https://www.org.kobe-u.ac.jp/kupress/

発売────神戸新聞総合出版センター
〒650-0044 神戸市中央区東川崎町1-5-7
TEL 078-362-7140／FAX 078-361-7552
URL:https://kobe-yomitai.jp/

印刷／神戸新聞総合印刷

落丁・乱丁本はお取り替えいたします
©2025, Printed in Japan
ISBN978-4-909364-34-0 C3033

既刊

地域金融機関による企業支援の新しい展開
事業性評価に基づく人材マッチングの可能性を探る　　家森信善　編

◇目次

第1部　広がる金融機関の人材マッチング支援

第1章　地域金融機関の事業性評価と人材マッチング　◎日下 智晴
1　地域金融機関のありよう　　2　待ったなしの人口減少　　3　法人営業への注力
4　金融機関による事業性評価　　5　規制緩和の進展　　6　法人営業と事業性評価
7　コロナ禍で変わった社会　　8　金融機関の人材マッチング　　9　これからの法人営業

第2章　金融機関による人材マッチング支援と政府の支援策　◎笹尾 一洋
1　はじめに　　2　地域課題と人材ソリューション
3　地域金融機関が人材ソリューション事業を行う戦略的意義
4　金融機関の本業支援・資産良質化等に資する人材ソリューション
5　人材ソリューションの収益性・将来性
6　政府が推進する人材マッチング関連施策の概要　　7　むすび

第3章　先導的人材マッチング事業を通じた地域金融機関の
　　　　　人材紹介事業に係る取組分析　◎咄下　新
1　はじめに　　2　先導的人材マッチング事業の実績について
3　地域金融機関による人材紹介事業の取組状況　　4　むすび

第4章　ひろぎんグループの人材マッチングへの取り組み　◎竹本 洋平
1　はじめに　　2　事業の変遷　　3　「地域金融機関×人材マッチング」の勘所
4　「地域の中小企業×人材紹介」推進のジレンマ　　5　おわりに

第5章　みなと銀行における人材マッチングの取り組み　◎松本 元伸
1　みなと銀行の人材紹介業務の目的について　　2　みなと銀行の人材紹介事業について
3　みなと銀行の人材紹介フロー　　4　両手型人材紹介について　　5　人材紹介実績
6　地域別成約状況　　7　事業性評価による人材紹介
8　事業性評価による人材紹介の問題点　　9　人材紹介成約事例
10　今後の人材紹介への取り組み

第6章　信用金庫業界の人材マッチングへの取組　◎植田 卓也
1　はじめに　　2　人材マッチングを取り巻く環境　　3　人材マッチングの意義
4　信用金庫にとっての人材マッチング　　5　人材マッチングへの取組方法　　6　むすび

第7章　経営課題の洗い出しから課題解決手法としての人材紹介支援
　　　　◎田中 直也
　1 はじめに　　2 事業者の現状と支援ニーズ　　3 課題抽出手法
　4 人材紹介分野への活用　　5 支援事例　　6 おわりに

第8章　中小企業にとっての人材マッチング支援　◎亀井 芳郎
　1 はじめに　　2 中小企業支援の問題点－現場不在による実行不全
　3 戦略マネジメントのあるべき姿　　4 中小企業がボトムアップ型ができない理由
　5 現場のコミュニケーションを促進する外部人材の必要性
　6 現場プロジェクト型中小企業支援　　7 事例紹介　　8 むすび

第9章　企業が求める金融機関による人材支援　◎家森信善・米田耕士
　1 はじめに　　2 金融機関の人材支援に関する調査と回答企業の概要
　3 回答企業の人材ニーズ　　4 金融機関による人材紹介への期待　　5 むすび

第2部　シンポジウム　地域金融機関による地域中小企業支援の新しい展開
　　　－金融機関による人材マッチングの現状と課題－

第10章　シンポジウム
「地域金融機関による地域中小企業支援の新しい展開
　－金融機関による人材マッチングの現状と課題－」　基調講演

　金融機関による人材マッチングへの取り組みの概観　笹尾 一洋
　北洋銀行グループにおける人材マッチング事業の取り組み　岩崎俊一郎　松橋 敬司
　金融機関による人材マッチングの前提としての事業性評価の重要　家森 信善

第11章　パネルディスカッション
「金融機関による人材マッチングを
　企業支援の効果的ツールにするために」　発言録

◎本体価格 2,700 円　　発行：神戸大学出版会　ISBN978-4-909364-24-1

既刊

未来を拓くESG地域金融
持続可能な地域社会への挑戦　　家森信善　編

◇目次

　　　はしがき

第Ⅰ部　ESG地域金融の内外の取り組み

第1章　ESG地域金融の取り組み　◎家森信善
1. はじめに
2. サステナビリティ経営を巡る地域企業の意識：大同生命サーベイの結果から
3. 環境省・地域金融ESG促進事業
4. 環境省・ESGファイナンス・アワード・ジャパン
5. 第Ⅰ部の概要
6. 第Ⅱ部の概要

第2章　地域の金融機関が脱炭素化へ取組む効果　◎尾島雅夫
1. はじめに
2. 先行研究
3. データと分析方法
4. 推定結果
5. 結論

第3章　欧州グリーンディールと金融機関の役割　◎高屋定美
1. 欧州グリーンディールにおける金融の役割
2. EBAのサステナブル・ファイナンスへの取り組み
3. 金融機関の取り組み－商業銀行の事例－
4. むすび

第4章　ASN銀行の投融資におけるサステナビリティ方針の概要　◎橋本理博
1. はじめに
2. ASN銀行の概要：ビジョン（理念）とミッション（使命）
3. サステナビリティ方針の概要
4. おわりに

第Ⅱ部　神戸大学・尼崎信用金庫　共同研究成果発表シンポジウム

第5章　シンポジウム
「地域の持続的発展と金融機関の役割 −ESG地域金融の取り組み−」
基調講演録

　ESG地域金融への期待　　竹ケ原啓介
　ESG地域金融と事業者支援　　家森信善
　ESG要素を考慮した事業性評価の取り組み
　　−尼崎信用金庫の挑戦〈ツールの開発と活用〉−　田中直也

第6章　パネルディスカッション
「地域の持続的発展のために地域金融は何ができるのか」
発言録

　司会：
　　家森信善（神戸大学経済経営研究所教授・同地域共創研究推進センター長）
　パネリスト（五十音順）：
　　今井亮介（環境省大臣官房環境経済課環境金融推進室長）
　　作田誠司（尼崎信用金庫理事長）
　　竹ケ原啓介（株式会社日本政策投資銀行設備投資研究所
　　　　　　　　エグゼクティブフェロー、兼副所長、兼金融経済研究センター長）
　　古川直行（兵庫県信用保証協会理事長）
　　宮口美範（阪神北県民局長　前兵庫県産業労働部次長　神戸大学客員教授）

◎本体価格 2,300 円　　発行：神戸大学出版会　ISBN978-4-909364-26-5